产业发展与区域创新
——江阴探索的理论思考

包卿 著

中国建筑工业出版社

图书在版编目（CIP）数据

产业发展与区域创新——江阴探索的理论思考/包卿著. —北京：中国建筑工业出版社，2016.6
ISBN 978-7-112-19310-3

Ⅰ.①产… Ⅱ.①包… Ⅲ.①产业发展-研究-江阴市②区域经济-国家创新系统-研究-江阴市 Ⅳ.①F127.533

中国版本图书馆CIP数据核字（2016）第064431号

产业发展与区域创新
——江阴探索的理论思考
包 卿 著

*

中国建筑工业出版社出版、发行（北京西郊百万庄）
各地新华书店、建筑书店经销
霸州市顺浩图文科技发展有限公司制版
廊坊市海涛印刷有限公司印刷

*

开本：850×1168毫米 1/32 印张：6⅞ 字数：184千字
2016年6月第一版 2016年6月第一次印刷
定价：**20.00**元
ISBN 978-7-112-19310-3
（28566）

本书分上、下两篇，上篇产业篇包括：江阴沿江开发中培育千亿级产业集群的路径选择和战略对策探讨；从产权治理到全球价值链治理；江阴率先构建现代产业体系的实践与思考；区域产学研战略联盟的构建与地方产业集群的升级；创新型企业与创新型区域经济的互动机理及对策探讨；建设现代产业体系：内涵、问题和路径；基于核心—边缘理论的地方产业群升级发展探讨；全球与地方交互治理下的永康休闲运动车集群产业的升级；基于地域联系的地方产业集群转型升级探讨。下篇区域篇包括："幸福愿景"引领华西持续创新发展；合作中创新；企业家精神视角下的区域发展比较；2010 年江阴与苏南发达县市经济比较分析；"澄江八景"中的江阴意象探析；江南八景文化的历史演进、地域特征及现代意义；2011 年江阴与苏南发达县市的比较分析；产业集群型城镇发展战略探讨；后危机时期江阴经济转型创新的挑战与应对；后危机时代中国沿海发达县市区的发展演进探析；2007 年以来江阴与沿海发达县市区的比较及思考。

本书可供从事产业发展与区域研究的研究人员使用，也可供大专院校师生和相关人员使用。

责任编辑：胡明安　姚荣华
责任设计：李志立
责任校对：刘　钰　张　颖

序言

工作的关系，赋予了我调研地方经济社会发展的责任和便利条件，加以多年来，我执念于理论与实践之间的对话，因此有了今天这本书。

本书集中于三个视角：一是由企业、产业和区域所组成的网络系统分析视角；二是全球与地方互动，地域之间联系的视角；三是区域比较的视角。这三个视角，对于行政领导而言，多了一份从宏观到中观乃至微观的接地感；对于微观经济单元而言，跳出窠臼，多了一份从微观到中观乃至宏观的开阔感。

此书虽在理论分析和实证研究方面存在种种不足，但却饱含了这些年来我个人的思考以及地方发展探索留下的若干印记。这些文章可能会激起如我般基层工作者对关注研究地方发展的兴趣，也希望促发更多的地方研究可以“上接天线，下接地气”，实现多方面的贯通。

近年来，我先后得到多方面的支持，参加了上海、青岛、武汉等地举办的五次“产业集群与区域发展”专题学术会议，在北京、南京、杭州等地参加了创新地理学、管理学和产业转型升级等学术研讨会。这些会议交流使我受益匪浅，激励了我对江阴开展不断的研究探索，并且这样的交流学习过程无疑是愉悦和令人欣慰的，这是我多年来“扎根地方，全球思考”理念的实践。

本书虽基本是我独立完成的，但也离不开多方面的支持，需要特别致谢的是我曾经和现在工作的单位江阴市委党校和市发改委的领导以及同事。

在网络化、扁平化时代，人们越来越多地认同区域差异、地方个性、私人和群体定制。此书聚焦江阴，愿能为江阴发展的对话交流、发展探索“添砖加瓦”，也期待江阴的探索能为其他地方县域经济的发展有所启示。

包　卿

2016 年 1 月

目录

上篇　产　业　篇

下篇　区　域　篇

上篇：产业篇

1 江阴沿江开发中培育千亿级产业集群的路径选择和战略对策探讨

摘要：本文在对江阴沿江产业发展的调查基础上，提出培育千亿级创新型产业集群的主要方向，即风电产业、装备制造业、电子信息产业和石化材料产业，并对四大产业发展的基础条件、优势和发展趋向进行了分析，最后从区域产业发展的机制、平台和全球与地方互动的视角，提出了发展对策建议。

关键词：产业集群；创新转型；发展路径

产业集群是指在特定的领域中，空间分布集中且有相互关联的企业、专业化供应商、服务供应商、相关产业的厂商，以及相关的机构（如大学、制定标准化的机构、产业协会等）构成的群体。它是在某一特定领域中大量产业联系密切的企业以及相关支撑机构在空间上集聚，并形成强劲、持续竞争优势的现象。

21 世纪以来，作为产业组织形式之一的"产业集群"获得了普遍性的关注。根据哈佛大学迈克尔·波特教授 2002 年的简单统计，制订产业集群发展规划的国家有 29 个，在省/州/地区层面，有美国的麻州、加拿大的魁北克与西班牙的加泰罗尼亚等 14 个，在都会城市层面则有包括硅谷在内的 11 个。联合国工业发展组织、经济合作与发展组织等国际机构也在研究、提倡和推广产业集群策略。

1.1 培育新型"大当量"级产业集群是江阴实现"弯道超越"经济转型提升的需要

2007 年 8 月，中国社会科学院工业经济研究所发布了"中国百佳产业集群”入选名录。此次入编的一百个产业集群，集中显示了“中国制造”的国际竞争力与区域特色，江阴市入选的产业集群是“中国精细纺织产业集群”。这充分显示了江阴市传统产业高新化、品牌化和国际化的战略转型所取得的成就。

在新一轮全球产业重组和区域竞争中，如何实现传统产业高新化、高新产业规模化是区域经济转型提升的重大命题。国内外已有的发展经验表明，成功的产业集群具有创新能力强、创业活动多、产业升级快、持续发展久的特征。因此，培育新型“大当量”级产业集群是我市实现“弯道超越”经济转型提升的可选路径之一。

分析国内外已有的发展“大当量级”产业集群的经验，可以注意到以下的一些典型案例，如美国硅谷的IT产业、意大利Sassuolo地区的瓷砖及其机械产业、中国台湾新竹的IT产业、印度班加罗尔的IT产业、日本丰田的汽车产业、上海张江的集成电路产业等。分析这些成功案例的经验，可以注意到一些规律性的特征，一是产学研高度一体化（或者是知识区与产业区的紧密联系），对新兴技术具有高度的敏锐性和吸收性，形成区域性的浓厚的创新创业氛围。二是专业化的特征，绝大多数“大当量”级的产业集群表现为“专业全球化”，在某一产业或其细分领域全球领先或占有绝对的市场份额。三是产业集群一般都包含五大类相互作用的机构。即成品商、供应商、客商、中介服务机构和公共管理机构等五类机构。这五大类机构构成了产业集群的五大行动主体，五大行动主体之间有着多种多样的联系，它们的共同作用促使产业集群成为一个有机的经济与社会整体。四是具有丰裕的区域性的企业家精神和发达的社会资本。产业集群内部所具有的创新活力的重要来源是特定区域文化中蕴涵的企业家精神，以及有利于创新主体竞争与合作的制度和社会结构。产业集群的内部联系和外部联系非常发达，这主要缘于丰裕的社会网络和社会资本，如美国硅谷、印度班加罗尔和中国台湾的新竹，这三大IT产业集群之间及其内部有着紧密的联系，这种联系不仅仅是产业的联系，更有社会网络的联系。

尽管产业集群发展的基本力量来自于市场的孕育、依赖于一定的充满不确定性的机遇等，但政府在培育产业集群发展中也发挥了极为重要的作用。各个国家和地区在培育产业集群方面的公共政策主要侧重于以下几个方面。

一是提供良好的综合性的和专业性的基础设施，为本地企业家的创业和外地企业家的投资创造良好的环境之外，为集群内部和外部的关联提供尽可能的便利，促进相互之间的、各个层次的交流合作。二是创造合理的制度环境，增进企业之间的信任与合作，丰富本地的社会资本，强化社会网络的联系，协调企业之间的共同行动，催生企业之间良性的竞争与合作格局。三是提供有效的公共服务，促进产业集群的成长与升级。如推动行业中介组织的发展，促进行业协会的功能完善；推进行业标准建设，强化本地企业的知识产权、产品质量意识与管理创新；推动公共培训机构的发展提升，加强产学研战略联盟；建立与特定区域的联系和联动，树立本地的良好形象，创建区域品牌；推动建立企业之间、政企之间和其他主体之间的对话机制，共同制定产业集群发展的愿景与战略规划等。四是制定针对性较强的有力措施，解决集群中诸多企业共同面对的难题，组织中小企业出国参展与考察、增进集群内部中小企业对国外市场尤其高端市场的了解，制定专项的人才引进措施，等等。此外，对于自发形成的产业集群雏形，政府要能尽早识别出，并以产业集群的方式予以培育；对于政府有意识规划发展的产业集群，在一开始就需要有明确的发展战略并进行有效的跟踪服务。

培育产业集群最为重要的一点是要从单一的产业政策转向综合性的产业集群政策。产业政策的目标主要是发展新兴的具有高成长性、高带动能力、高附加值、高市场容量的产业。传统的产业政策是建立在对市场的高度保护和对大企业的政策倾斜之上的，是一种线性干预工具，其结果往往扭曲了市场环境的公平竞争，难以形成具有持续竞争优势的产业组织。产业集群政策不仅仅关注于产业本身，而且从产业组织的系统性出发，包括了产业政策、科技政策及其相关的公共管理政策。产业集群政策的制定需要深入分析产业的性质、产业的组织状况和发展走向、内部基础和外部机遇和各个主体之间的关系等等。

1.2 江阴沿江开发中培育“大当量”级产业集群的基础分析和路径选择探析

经济开发区和临港新城是江阴沿江开发的“两翼”，是区域发展的增长极和创新极，是江阴调优产业结构、培育新兴主导产业最为重要的载体。

在当前江阴沿江开发中，培育“大当量”级产业集群可以选择的产业路径主要集中在风电产业、装备制造业、电子信息产业和石化材料产业。

(1) 培育“大当量”级产业集群的可选路径之一：风电产业

江阴具有发展风电产业的良好区位条件，邻近具有“海上三峡”之称的江苏沿海滩涂风电场，区内及周边雄厚的工业基础可以实现风电产业配套，江阴得天独厚的“通江达海”的物流优势为出口海外市场提供了便利，打造风电产业集群具有优越的现实基础和潜在的竞争优势。从 2003 年第一家风能设备企业中船澄西船舶公司开发生产风力发电塔筒开始，目前江阴已形成风电用钢、风电塔筒、法兰、风电铸件、风电用玻璃钢外壳和风电整机等产业节点，生产风力设备用的大型轮毂、底座的吉鑫机械经过连续两年的翻番发展，已经成为国内风电产品零部件最大的开发和生产基地。

龙头企业中远景能源科技有限公司是本土和全球两大力量结合性最好的企业之一。远景公司充分利用欧洲的技术（已在丹麦奥胡斯设立全球研发中心）、美国的资本市场、欧美及国内的风电需求，中国的供应链和成本优势在江阴打造世界级的风电研发中心和生产基地，已经形成 1.5MW 具有自主知识产权的风力发电机组，产品即将进入美国市场。

从外部条件来看，风电是目前世界上增长最快的新能源，装机容量每年增长超过30%。根据欧洲风能协会和绿色和平组织签署的《关于2020年风电达到世界电力总量的12%的蓝图》的报告，期望并预测2020年全球的风力发电装机将达到12.31亿kW（是2002年世界风电装机容量的38.4倍），年安装量达到1.5亿kW，风力发电量将占全球发电总量的12%。到2015年全球最具商业开发价值的新能源将形成1500～2000亿美元的市场。

当前江阴发展风电产业集群具有一定的基础和良好的外部市场机遇的同时，需要关注国内外同类产业集群的发展态势，确保所培育的产业集群具有竞争优势。目前风电产业领域，长三角地区竞争很激烈。南通、常州和无锡等地风电企业的发展势头都非常好。南通提出建设“绿色能源之都”，风电龙头企业南通恒源风能科技有限公司、南通神明风力发电机制造有限公司和韩国IR风能发展有限公司特色鲜明、技术能力较强、产品优良并实现出口批量生产。常州的江苏新誉风力发电设备有限公司在国家863计划兆瓦级风力发电机组项目基础上，依靠常牵集团的研发力量和电气控制领域的生产经验，与国外著名风机研发机构联合研发的具有自主知识产权的风力发电机组，目前已经形成国内唯一自主知识产权技术并能批量生产的机组。无锡惠山区已经初步形成一个由24家生产企业所组成的风电产业集群，其中从事风能发电底座、塔杆、风叶、变频控制柜、调速电机制造的企业有16家，具备自主研发能力的企业8家。因此，江阴风电产业的发展尚没有形成绝对竞争优势，产业集群也处于初创和成长时期。

（2）培育“大当量”级产业集群的可选路径之二：装备制造业

根据对临港新城的调查分析，临港新城的装备制造业已经形成一定的产业集聚基础。以利港和申港为中心，目前已经形成了石油钻具钻杆机械、工程机械、空调净化设备机械、锅炉机械和起重运输机械等制造性企业所组成的一个具有核心层、半核心层和松散层的产业群体组织结构。龙头企业中有江阴市工业百强企业双良集团、德玛斯特公司、矿山机械公司、华骏和国光重型机械公司。临港新城区域尤其利港和申港的机械产业具有起步早、总量大、企业多、配套强和升级快的特征。利港镇历史上是江阴的"钣金之乡"，产业发展从零部件加工协作到模块型的系统性部件再到整体产品研发、制造和销售，从内向配套到外向拓展，在进一步的升级中，"新产品"和衍生的新兴产业不断涌现。双良集团、华骏机械等一批机械企业逐渐走强，开始形成了自己的技术专长和品牌，目前机械制造业已成为利港镇主导产业。该镇拥有装备、制造、加工企业390余家，一家大型企业往往有几家甚至十几家企业为之配套，产业集群效应已经初步显现。

从全市域来看，江阴市机械产业发展迅速，装备机械产业集群的发展可以在有形的"核心区"发展紧密型的产业集群的同时，关注全市性装备机械产业的整合问题，实施"集群性"的科技、人才、信息和产业引导政策。

(3) 培育"大当量"级产业集群的可选路径之三：电子信息产业

从全市域的范围来看，江阴电子信息产业主要涉及半导体器件、半导体三极管、集成电路、光电子器件、光敏半导体器件、其他光电子器件、电子元件和印刷电路板等8类产品，目前关键性、专业性领域是集成电路和印刷电路板，规模企业有新潮和翰宇博德两家上市公司。瀚宇博德（江阴）科技有限公司主要产品为各类多层印刷电路板，简称PCB，产品类型包括笔记型计算机、移动电话专用印刷电路板等。瀚宇博德两岸三地三个厂的总产量达到全世界notebook板的总量的25%以上。江阴新潮科技集团有限公司从晶体管产品入手，企业不断升级，目前公司形成了全国性的生产研发网络，产品已经进入全球性产业网络，公司是国内著名的分立器件制造商，集成电路封装生产基地，在半导体封装测试、智能仪表、激光器等领域拥有自主性知识产权。新潮集团的战略愿景是建成世界著名的半导体封测企业和多元化、规模化、专业化相结合的大型高科技集团。未来的四大业务板块，分别是分立器件、传统集成电路封装（包含 FBP 封装）、WLCSP 和基板封装，2010 年实现销售 100 亿元，利税 27 亿元。近期由台湾福华微电子有限公司投资建设的“台湾福华软件城”占地 80 多亩，建成后将构建芯片设计相关服务基盘，集聚大量芯片设计相关企业。

新潮、翰宇博德、信邦以及福华等企业可以看作江阴发展电子信息产业集群的“原子性”企业，进一步的培育中还需大量相关企业的“衍生”和引进，进而形成专业化和集群化的产业发展态势。

（4）培育“大当量”级产业集群的可选路径之四：石化材料产业

江阴发展石化材料产业集群的优势在于已经形成区域性的纵向产业链。江阴纺织工业拉动化纤工业，从 20 世纪 80 年代起步，目前已经有涤纶、锦纶、丙纶、氨纶和粘胶纤维等多个品种，涤纶短纤在国内市场的占有率约为 28%，聚酯切片约占全国总量的 20%，有三房巷集团、华西村集团、华宏化纤、常盛化纤、万翔集团、双良氨纶、金达莱集团、方盛特种化纤等重点化纤企业。

近年来，产业链得到进一步纵向拓展。澄星集团和香港汉邦石化有限公司已经共同投资年产量 60 万 t 精对苯二甲酸（PTA）项目。该项目将对区域产业尤其纺织业的产业升级起到积极的推动作用。公司目标是 2009 年底项目正式投产，实现销售收入超过 60 亿元、新增利税 10 亿元。图 1-1 是 PTA 产业链示意图。

江阴发展石化材料产业具有市场、技术、产业基础和运输储备的相当优势，但是发展石化材料“产业集群”还需要进一步充分论证，因为石化材料产业能否围绕某一两个产业环节横向发展若干个企业所组成的群体结构具有很大的不确定性。

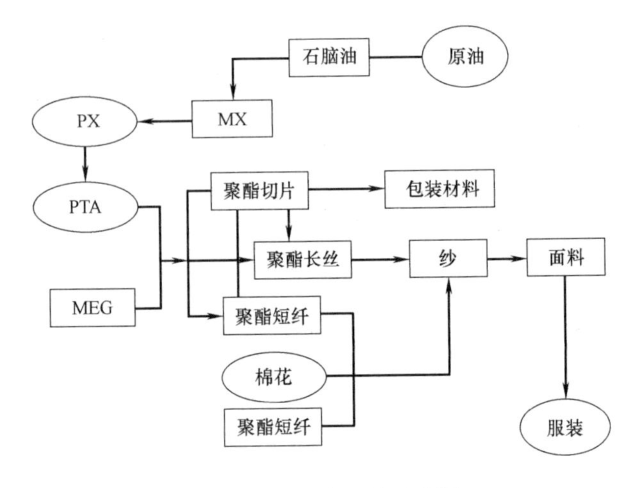

图 1-1　PTA 产业链示意图

1.3　江阴沿江开发中培育新型“大当量”级产业集群的对策探讨

发展高新技术产业集群需要政府全方位的政策支持。江阴沿江开发中培育新型“大当量”级产业集群既需要战略性的规划引导，更需要仔细深入地进行调查研究，制定针对性的发展对策。

(1) 立足基础，摸清产业组织结构和发展路径，分析机遇与潜力，实行规划引导

在 1.2 所述四大产业的比较和甄别的基础之上，需要进一步明确发展方向和举措。在宏观的战略规划的基础之上，需要进一步的详细调查和规划，如产业集群的“专业化”特征和升级方向，从路径依存到路径创新，产业集群的内部关联和外部关联，产业网络和社会网络等等。需要关注相关产业新一轮全球转移和重组的机遇和特征，内源和外源一起上，实现“内外合璧”。需要关注新时期新兴的“三创”发展与已有产业的互动融合。

重视产业发展的外部性机遇，实现招商引资、招才引智模式的创新，在产业链招商和基地性招商的基础之上，可以考虑专业性的技术和信息方式的招商引资和招才引智。重视发挥区域性的社会网络资源，尤其港澳台、海外的侨胞和留学人员，促进“内外”重要产业基地之间的知识、人员和资本的流动，推动构建全球性产业网络。

(2) 建立专项发展引导资金，在科技、资本、品牌、市场、人才、组织建设和学习交流等领域建立激励措施和制度安排

建立联系区域实际的产业集群发展评价指标体系，对特定的产业发展实现动态跟踪观察和引导。进一步丰富“产业政策”的内涵，实施“产业集群”战略。在有条件的情况下实现“空间集聚”，对空间有限集聚的也可以考虑适当的“公私联合”的组织安排（如 1990 年中国台湾“经济部工业局”与自行车业者共同出资成立了“自行车业研究开发中心”，并与台湾工业研究院一起致力于自行车的新材料、关键零部件和新产品的开发），促进大中小企业协同发展，促进正式的与非正式的交流，推动公共服务平台的建设和功能的发挥。

制定综合性的集群政策，实现产业政策、科技政策（如科技风险投资）和区域发展政策的综合和集成。综合考虑优惠政策、中介机构政策、产业需求政策、培训政策、对外联系交流促进政策及环境政策，提高政策的系统性和导向性。在推进科技创新方面，可以推动相关“知识区”与“产业区”的联结与联动，为企业的技术研发和人才培养建立良好的外部激励环境。可以尝试人才培养方面的“产权”保护举措，为此可以考虑制定相关区域性的“公共政策”。

(3) 以全球化与区域化的产业网络视角来审视和推动“大当量”级产业集群的培育和转型升级

以全球化的视角来看，区域性的产业基地或产业集群只是该产业全球网络（全球价值链）中的某一环节（可以是高端环节，也可能是低端环节）。一些地方产业集群的生成与发展是全球产业网络重组过程中某一环节的“空间集聚”。因此，融入和提升产业的全球网络，并在全球网络中寻求发展机遇，是培育产业集群、促进产业集群转型升级的重要视角。培育新型“大当量级”产业集群就是需要提升全球化经营水平，建设现代化的高新技术产业基地。

以区域化的视角来看，产业集群是区域性的产业生态系统。培育区域化的产业生态系统，可以全球的视野参照相应的“产业集群”进行“查漏补缺”性的系统集成工作。更为潜在的关键是激励和弘扬区域性的企业家创新创业精神，推动形成地域性的产业文化氛围。

（本文是 2008 年在调研当时利港、申港、夏港、石庄等地企业和产业基础上撰写的，得到了多方面的支持和帮助。文章发表在 2008 年第 10 期《宏观经济观察》。）

2　从产权治理到全球价值链治理
——江阴规模企业走向世界公司的若干思考

摘要：规模企业群聚是当前江阴发展的一个显著特征。本文以江阴规模企业升级和支柱产业升级为中心，以全球价值链理论为分析视角，阐述了企业所进入的产业不同，结果升级的路径和动力机制不同。全球价值链下的企业和产业的升级存在一般的规律，即工艺流程升级、产品升级、功能升级和链条升级。结合这一规律，本文分析了江阴代表性规模企业的升级概况。此外，全球价值链理论对后发国家与地区的企业参与全球经济、组织全球资源具有组织上的指导意义。最后，本文提出，在产权治理成功的基础上，推进江阴规模企业走向全球价值链治理，将对提升微观企业竞争优势和宏观区域开放型经济竞争优势具有重要意义。

关键词：江阴；规模企业；升级；全球价值链

2.1　规模企业群聚的“江阴现象”

江阴，这个长江三角洲的县级市曾经因为“华夏A股第一县”而享誉国内，截至2007年，江阴已有上市企业22家，位列全国县级市第一。这种独特的企业群聚现象被证券界称之为“江阴板块”。除了上市企业的空间集聚外，江阴的规模企业空间集聚也是非常显著的一大特征。2007年，江阴市营业收入超百亿企业已达10家，超10亿元企业33家，超亿元300家，入库税超亿企业16家。2007年9月1日，由中国企业联合会、中国企业家协会联合公布的2007年中国企业500强，江苏有49家，无锡有16家，而江阴一个县级市就拥有了10家（表2-1）。同年

12月15日，中国民营企业联合会、中国统计协会、中国管理科学院企业发展研究中心联合发布了中国民营企业500强，无锡有18家、江阴有14家企业入围。

2007年江阴的10家中国500强企业名单　　表2-1

企业名称	在500强中的位次	营业收入（万元）
江苏华西集团公司	94	4021234
江苏阳光集团有限公司	196	1965169
江苏三房巷集团有限公司	232	1654766
海澜集团有限公司	279	1369350
江阴兴澄特种钢铁有限公司	281	1362911
江阴澄星实业集团有限公司	291	1314893
法尔胜集团公司	321	1182719
江苏新长江实业集团公司	337	1101856
申达集团有限公司	417	892288
江阴市西城钢铁有限公司	450	820021

这种“规模企业群聚”现象可能与地方公共管理政策的推动作用以及特有的地方文化等有关。如何因势利导，推进地方规模企业升级以及地方产业升级？近年来，在国内外兴起的“全球价值链理论”逐渐成为一个成熟的认知视角，本文尝试以此视角来探讨江阴培育世界公司、促进地方产业升级的区域公共管理对策。

2.2　全球价值链理论及发展对策

全球化背景下的世界经济体系好比“一串串珍珠”，将颗颗珍珠串起来的条条“金线”就是全球价值链。不同产业的全球价值链之间组织有何差异？谁是全球价值链的组织者、控制者和核心价值的创造者？分离后的价值链环节是如何整合起来的？全球价值链理论所揭示的微观组织变化是什么？这些内容构成了全球价值链理论的核心内容。

(1) 不同产业类型的全球价值链驱动机制

围绕驱动价值链的全球分离与整合的机制差异，可以把产业分为生产者驱动型和购买者驱动型以及两者之间的混合型。不同驱动模式下，产业的市场竞争规则和升级路径具有很大的差异。

在生产者驱动的全球价值链中，跨国公司的核心能力集中在技术和研发领域，通过全球市场网络来组织商品或服务的销售、外包和海外投资等产业的前后向联系，最终形成全球性生产贸易和研发网络体系。在贸易者驱动的全球价值链中，跨国公司拥有强大的品牌、设计能力和营销渠道。前者大多是如同汽车、航空、计算机、半导体和装备制造业等技术、资本密集型产业或一些新兴的现代制造业，价值链的主导者通常会通过海外直接投资的形式来形成全球生产、贸易和研发网络；后者主要是鞋业、服装、自行车和玩具等劳动密集型的传统产业，生产环节大多由发达国家的大型零售商、品牌商和代理商等通过外包网络将这些业务发包给发展中国家的合约商。两种产业类型全球价值链的比较见表 2-2。

两种产业类型全球价值链的比较　　表 2-2

内容	生产者主导型	购买者主导型
动力源	产业资本	商业资本
核心竞争力	生产能力、技术与研发	设计、品牌与营销网络
产业进入门槛	规模经济	范围经济
主要产业联系	以投资为主要	以贸易为主
主导性组织形态	垂直一体化	水平一体化
软硬件建设	重硬件、轻软件	重软件、轻硬件
典型案例	Intel、波音、丰田、海尔等	沃尔玛、苏宁、耐克等

从两种产业全球价值链的比较来看，处于产业资本为原动力的生产者驱动型全球价值链的企业需要更加强调技术的研究和发展、生产工艺的不断改进、产品的不断更新、通过垂直一体化来

强化规模经济效应和加强基础设施等硬件的建设完善等。区域公共管理政策的导向主要是努力提升融资环境、强化技术扶持力度、搞好基础设施建设和鼓励上下游企业间的兼并重组等，而不必过于推行品牌策略。

而处于以商业资本为原动力的购买者驱动型全球价值链的企业则需要强调品牌、设计能力和市场销售渠道来获得范围经济，可以将制造环节从产业价值链中“外包”出去和加强信息与文化创意等软环境的建设等。区域公共管理政策主要侧重于推进品牌战略、改善和提升文化设施、创意环境，强化营销和贸易渠道的扶持，鼓励地方大中小企业间横向协作，形成水平一体化的集群竞争优势。

（2）全球价值链的治理

没有企业等级体系的垂直分离，也就没有产业价值链的全球空间分离。企业的业务是外包还是内向一体化，主要考虑三大问题。一是“交易成本（专用资产的建设与维护、市场的不确定性和交易频率）”。二是，如果是业务外包，那么业务的信息能否“清晰”表达，即可以编码化？三是，企业技术和学习的能力具有差异性，这种能力需要一定的时间才能形成，即供应商能力。以上三点构成了考量全球价值链组织治理模式差异的三大参数。由此出发，全球价值链的组织治理模式可以分为三种治理模式：市场型、网络型（其中网络型又可以分为模块型、关系型和领导型）和等级型。全球价值链组织差异的比较见表 2-3。

全球价值链组织差异的比较　　表 2-3

全球价值链组织		交易复杂性	信息的可编码化	供应商能力
市场型		低	高	高
网络型	模块型	高	高	高
	关系型	高	低	高
	领导型	高	低	低
等级型		高	低	低

价值链的组织治理模式决定了价值链的运行机制。市场上各个经济行为主体通过货币买卖各种商品和服务，其运行的核心机制是价格机制，但风险在于“机会主义”；等级制的核心是管理和控制，风险在于内部的僵化程度。以上两者是基本组织模式，发展历史悠久，可视为常识。作为新兴的组织形式“网络”，一般了解较少，表 2-4 的比较可以给出一个相对清晰的框架。

三种组织模式之间的典型比较　　表 2-4

关键因素	组织模式		
	市场	等级制	网络
一般基础	合约	雇佣	互补性分工
交易方式	价格	公司规制	网络关系
冲突解决方式	杀价，法律	管理命令，监督	互惠互利，声誉
弹性程度	高	低	中
经济委托关系	低	中到高	中到高
组织氛围	斤斤计较	官僚体系、照章办事	回旋余地大、互利性
行为主体间关系	独立、买卖双方转换成本低	从属、依赖上级，转换成本高	相互依赖
交易关系	公平	表面平等实质不平等	应尽义务

经济全球化背景下，为了能够快速反应，灵活应变，跨国公司一方面在内部尽力进行“扁平化”的改造，另一方面在整合全球资源时，也更多地选择“网络”型组织治理模式。发展中国家和地区的规模企业在走向世界公司的过程中亟需加强对网络型全球价值链治理模式的学习。

（3）全球价值链中企业和产业升级轨迹

企业核心竞争力是企业发展关注的焦点。但在动态的现实世界，核心竞争力很容易变得僵化。而且对于核心竞争力的认识往往停留在企业层面，既会忽略产业沿着价值链升级过程中所应该包括的外部采购或产业分离，也不利于全面把握价值链上众多关联企业所到来的产业系统升级过程。

早期对全球价值链下产业升级路径的认识主要集中于从OEA（委托组装）到OEM（委托加工）又到ODM（自主设计和加工）再到OBM（全球运筹和自主品牌生产）的过程。当前，对全球价值链下产业升级的认识，主要在四个方面：工艺流程升级、产品升级、产业功能升级和链条升级。不同产业升级方式的内在行为和外在表现见表2-5。

不同产业升级方式的内在行为和外在表现　　表2-5

升级方式	内在行为	外在表现
工艺流程	物流和质量控制系统的改变；引进新的机器设备等	降低成本；提高质量和周转效率；缩短入市周期；提高利润；提升专利开发能力。如OEA和OEM阶段
产品升级	扩张产品设计和市场反馈部门；引进新产品和扩展产品功能	新产品销售率的提升；自有品牌产品销售率的提高。如ODM阶段
功能升级	获取产业价值链中更高附加值环节；将低附加值部分分离出去	产业价值链中的劳动分工；承担产业价值链中关键功能。如OBM阶段
链条升级	突破性创新，剥离原有的生产经营活动进入一个新的产业链条；不断增加新的价值链条中的市场份额	更高的利润率；新产品或差异化产品市场销售比率的提高

以上四大产业升级方式，是基于价值链环节内部进行分析的。从产业价值链环节之间来看，实现四大升级需要供应链管理的升级、提升电子商务能力和加强供应链中的信息整合与学习、与供应商或终端市场组织者之间加强合作、进入产业价值链中新的联结点并转移旧有联结点等等。

2.3　江阴规模企业与地方产业的全球价值链分析

江阴内生产业和支柱产业主要集中于纺织服装和冶金机电两

大领域。2006年，江阴市机电冶金工业规模以上企业完成工业总产值1307.28亿元，占全市规模以上工业总产值的49.5%，其中冶金工业完成866.09亿元，占行业工业总产值66.25%。2006年，江阴市纺织工业完成总产值955.96亿元，占全市工业总量的33.3%，自营出口15.8亿美元，占当年全市出口总额的34.7%，位居全市各行业之首。至2006年末，全市纺织服装行业有1只“中国世界名牌”，产品“阳光牌”精纺呢绒，另有6只中国名牌，分别是“阳光牌”精纺呢绒、“圣凯诺牌”精纺呢绒、“红柳牌”床上用品、“海澜之家”夹克衫、“虎跑牌”精纺呢绒和“香芗牌”羊毛衫，占全市中国名牌产品数的60%。

(1) 纺织和服装的产业价值链的驱动机制有异

江阴自古有“江南布码头”之称，最早的现代纺织企业成立于1905年并发展至今。2002年，江阴被中国纺织工业协会授予首批十大中国纺织产业基地市之一。2007年10月，中国社会科学研究院工业经济研究所根据产业集群发展的一百多项指标，评选出的“中国百佳产业集群”，江阴的纺织服装产业集群被命名为“中国精细纺织产业集群”而名列其中。

目前江阴纺织服装产业在全市已形成了以镇为单元的产业集聚区，有祝塘镇的针织服装、新桥镇的精纺呢绒和高档服装、周庄镇和华士镇的化纤及色织布织造、霞客镇的再生纺涤纶短纤维、顾山镇的羊毛衫及内衣、云亭镇的棉纺织以及长泾镇的纺织染整等等。在产业内部，产品多样，专业分工细化、产业链条交错联结。现有化纤、棉纺、棉织、针织复制、印染、毛纺、产业用纺织品等八大子行业。产业的组织形态复杂多样，既有规模型的旗舰企业，又有中小企业分工协作的产业集群。本文从规模企业的升级行为与路径出发，逆向推导分析产业的价值链驱动机制类型。表2-6为江阴纺织服装产业价值链的驱动类型分析。

如果企业发展侧重于技术、装备、新面料的研发，规模经济明显，组织上倾向垂直一体化，那么根据表2-2，可以判断认为企业所进入的是生产者驱动型产业价值链，这类企业在江阴纺织

江阴纺织服装产业价值链的驱动类型分析　　表 2-6

企业	升级行为和路径	价值链类型分析
江苏阳光集团有限公司	侧重毛纺面料的研发，实现从粗纺到精纺。运用新工艺、新装备开发生产功能性好、附加值高的产品。现有服装品牌销售主要为组织采购的职业装。为英国 NEXT、意大利阿玛尼和德国的 HUGO BOSS 等代工，占到服装生产的比例大约为 60%。开拓营销渠道，从 2008 年 8 月起，计划将在全国建立“阳光时尚”零售连锁店	类型：混合型产业价值链（有转向购买者价值链的趋向）； 理由：重视技术、装备和研发，开始关注营销渠道、设计能力
江苏三房巷集团有限公司	产品从小化纤到大化纤。技术和设备引自美国杜邦和德国纽玛格公司等，从而实现技术装备和生产工艺的改进，目前产品质量达到或超过了美国杜邦标准	类型：生产者主导型价值链； 理由：规模经济、侧重生产能力、技术研发
海澜集团有限公司	从侧重毛纺面料的研发，转向服装设计、市场营销渠道的拓展。自主品牌和贴牌的比例大约为 80% 和 20% 左右。截至 2007 年底，海澜公司已在全国开设“海澜之家”零售连锁店 300 多家	类型：购买者主导型价值链； 理由：注重市场营销、服装设计
云蝠投资控股有限公司	在日本、美国和德国建立自身的营销网络，在 30 多个国家注册商标。境外自主品牌销售约占 30%。产品通过国际标准认证。通过收购国外品牌及产品设计当地化来加强自身品牌的塑造	类型：购买者主导型价值链； 理由：侧重设计和市场营销

服装企业中的比例较高。因此，江阴的纺织服装产业内部存在两种不同的发展路径。

对于进入服装领域的企业，其发展战略需要调整到设计和营销领域，用文化创意、设计来诠释企业品牌、提升企业品牌，高度关注商业模式的创新，拓展销售渠道。在生产领域，可以逐步实现外包，剥离非核心环节。

江阴纺织服装产业的国际化程度较高，相关统计表明外向度达到 70%左右。但从规模企业的案例分析可以看出，形成自主型全球价值链的规模企业非常少，一些规模企业嵌入了全球价值链并在其中学习和提高，但在关键领域受发达国家跨国公司的"管控"。一些中小企业，如祝塘镇的针织服装产业中的中小企业，虽然国际化时间长、程度高，但长期以来由于在产品设计和营销能力方面没有得到显著提升，企业升级乏力。江阴纺织服装的规模企业一方面可以继续在嵌入的全球价值链中学习，实现工艺流程升级和产品升级，另一方面凭借自身在国内市场所形成的实力和品牌，"内外联动"，在国际市场中开辟自身营销渠道和自主品牌，从而最终形成自主型全球价值链，实现功能升级以及链条的升级。

（2）江阴机电冶金产业的全球价值链分析

江阴机电冶金产业包括冶金产业、机械产业和电子产业。代表性企业分别有江阴兴澄特种钢铁有限公司、江苏华西集团公司、江阴市西城钢铁有限公司、江苏双良集团有限公司、江阴模塑集团有限公司、江阴新潮科技集团有限公司和法尔胜集团公司等。

江阴的这些本土"草根"企业，大多具有起步早、技术强、持续发展和不断创新的特点。江阴新潮科技集团有限公司的前身是20世纪70年代的江阴晶体管厂，在近四十年的发展历程中，企业在半导体封装测试、智能仪表、激光器等领域拥有近200项专利，填补了多项国内空白，创造了多项"中国第一"。江阴兴澄特种钢铁有限公司则是一家具有50多年发展历史的科技创新型企业，公司经历了江阴农具厂、江阴钢厂的嬗变，1993年与中信泰富（香港）公司合资成立了江阴兴澄钢铁有限公司，并于1997年成为江苏省首家上市公司。法尔胜集团公司的前身是1964年创建的江阴麻绳厂。44年来，公司大力推进科技创新，走出了一条持续创新、自主创新、跨越式创新的成功之路，综合实力连续17年保持全国金属制品行业第一，拥有世界单打冠军产品5个，全国单打冠军产品11个，成为苏南地区唯一的国家首批创新型试点企业。

全球价值链的发展按照地理空间尺度，可以分为地方价值链

（国内某一地域）、国内价值链、跨国价值链（跨国生产、营销和研发网络）和全球价值链（至少两大州之间）。以下结合江阴规模企业的发展概况分析其全球价值链的发展阶段，即其“世界公司”的发展概况。表 2-7 为江阴机电冶金规模企业全球价值链发展阶段分析。

江阴机电冶金规模企业全球价值链发展阶段分析　表 2-7

企业	升级行为和路径	全球价值链的阶段
江阴兴澄特种钢铁有限公司	引进国外先进技术和进行中外技术合作，在炼钢、连铸综合水平达到和赶上世界先进水平。替代进口产品并实现出口。产品通过诸多国际认证体系，实现了工艺流程的升级和产品升级	生产设备国际化、产品品质国际化、产品销售国际化，目前主要处于国内价值链阶段
法尔胜集团公司	科技研发能力强，产品从大桥缆索、子午轮胎帘线、胶带钢绳、光缆钢绳到光纤预制棒及光纤，成功实现了工艺流程的升级、产品升级和功能升级，以及链条升级。多项产品达到国际标准，制定多个国家标准	产品国际化、生产国际化（在国外有直接投资）。目前已进入全球价值链的成长阶段。嵌入型全球价值链和自主型全球价值链并存
江阴新潮科技集团有限公司	科技研发能力强，拥有自主知识产权，形成了在本土封装测试企业中的技术领先优势。实现了工艺流程的升级、产品升级，功能升级尚未凸显	主要是接受外包订单，在嵌入国外跨国公司主导的全球价值链的同时，有企业自主的国内价值链

从全球价值链的角度，以上企业有三大特点。一是“内外合璧”、“内外联动”的特征。企业发展具有“原生性”，在构建了各自国内市场领域的价值链“堡垒”的同时，嵌入和拓展全球价值链。二是从全球价值链的驱动类型来看，江阴机电冶金产业的全球价值链主要是生产者驱动型，本土企业在嵌入全球价值链或者国外跨国公司拓展全球价值链时，往往采用合资与独资建立分厂的形式，而少用“外包”方式。三是江阴机电冶金规模企业在产品销售全球化、生产全球化发展的同时，研发的全球化方面有

充分发展的空间。从整体来看，全球价值链的网络化组织处于布局和整合之中。

2.4 相关政策建议

（1）区域发展优势：产权治理优势与全球价值链治理优势

江阴是国内县域企业上市最为密集的地区，上市企业相比于传统企业更具有开放性、更有利于建立产权明晰的激励制度，更有利于促进微观企业的体制与机制创新。上市企业群体与地方发展共生共荣，互动共赢，有利于促进形成区域发展的制度变迁优势。

1988年，美国国会的技术评估办公室发表了关于技术进步对美国经济转型的作用的研究报告，提出的第一个问题是，企业是继续专注于内部经营，还是组织企业之间的合作网络。20世纪90年代，由美国的企业带头，出现了一股以外包生产为主的企业合作关系的浪潮，形成了全球生产体系。从经营企业到经营全球价值链，成为现代企业尤其“跨国公司”的组织特征。江阴可以引导规模企业从产权治理优势向全球价值链治理优势升级，从而更好地促进区域规模企业成长为世界公司。

（2）规模企业一企一策：关注特定企业和产业的全球价值链

经历了20世纪70年代以来近30多年的发展，全球价值链理论有着丰富的内涵，也有着丰富的实践案例。以全球价值链为企业发展战略视角，可以融入诸多的问题思考。建议企业把全球价值链的思想，与诸多企业发展战略进行整合，如在“企业扁平化”、建立战略联盟和国际化等等方面。

在服务地方企业发展方面，江阴的做法是：对规模企业要做到“一企一策”；对优势成长性企业要做到“聚焦服务”；对量大面广的中小企业着重在公共服务平台的建设上。本文建议，一是可以加强对规模企业在全球价值链的发展方面进行跟踪观察研究，洞察“来龙去脉”，从而达到引领的创新、服务的创新。二是加强对支柱产业的全球价值链进行跟踪研究，对江阴纺织服装和机电冶金产业的全球价值链，本文做了一个初步的探讨，相关发展对策建议在 2.3 节已有体现，不再赘言。

在考量地方规模企业的发展方面，江阴已经建立了一个相对科学合理的考核指标体系。正如“数字可能掩盖事物发展的本质”所言，过于强调数量规模，可能有负面的影响。本文建议在完善企业定量考核评比之外，定性的分析考量也非常重要，这些定性分析可以是全球价值链的发展阶段和国际化的发展阶段等等。此外，培育具有全球视野的企业家，落实到具体产业就是具有全球价值链视野的企业家。在鼓励地方企业嵌入全球价值链的同时，注意到全球价值链是企业进入全球市场的“快速通道”，但不是“自动扶梯”。企业可以充分利用国内产业价值链和国外产业价值链的“内外合璧”的联动机制，突破来自发达国家跨国公司的“俘获”与“控制”，从而摆脱锁定和实现升级。

参考文献

[1] 朱民阳. 在全市企业优化发展工作会议上的讲话［D]，中共江阴市委员会，2007

[2] 张辉. 全球价值链下地方产业集群转型和升级［M]，北京：经济科学出版社，2006

[3] 张辉等. 全球价值链下北京产业升级研究［M]，北京：北京大学出版社，2007

[4] 包卿. 全球与地方互动下的集群产业升级研究［A]，浙江师范大学，2007

[5] 侯若石. 质疑现代企业制度［J]，开放导报，2004

[6] 包卿. 国内外全球价值链研究的简要述评与展望［J]，特区经济，2006

（本文把“全球价值链”理论应用于江阴企业与产业发展分析中，既是对产业状况的梳理，也是发展分析的一个视角。文章发表于 2008 年第 2 期《太湖论丛》。）

3 江阴率先构建现代产业体系的实践与思考

摘要：本文分析了江阴建设现代产业体系的基础、优势和当前推进的特点及建议，其中对创新产业发展政策、引领机制和平台的分析，既是对既有实践的总结，也是对下一步发展的建议。在此基础上，本文进一步提出以创新为第一动力，以产业支撑系统为构架，以提升服务促转型为路径的3点思考。

关键词：现代产业体系；基础和优势；区域创新系统

构建现代产业体系是党的十七大提出的战略部署。在全球金融危机带来巨大挑战也是实现转型发展的机遇时期，江阴以构建现代产业体系为战略方向，全力推进产业转型和区域发展转型。

3.1 江阴初步形成现代产业体系的发展基础

江阴是中国民族工商业的发源地之一，是苏南模式的重要发源地，是最早发展社队工业和乡镇企业的地区之一，也是目前代表中国民族工业发展的一个先锋城市。改革开放以来，江阴一直位列全国县域发展的第一方阵，名列前茅。江阴已经初步形成建设现代产业体系的基础和优势，具体体现在以下3个方面。

(1) 产业不断做强做大做优，基础实力较好

江阴业已形成一支规模达22家的海内外上市公司，在全国500强企业和10大世界名牌企业中，江阴占据了1/50和1/10的份额。江阴规模工业支撑强劲，2008年江阴规模工业企业完成现价工业总产值达4011.65亿元，占全市工业总量的比重为89.82%。全市百强企业全年完成产品销售收入和利税分别占全市工业总量的 66.00%和 67.46%。目前，全市营业收入达 500 亿企业 1 家，超 200 亿元企业 3 家，超 100 亿元企业 6 家，超 10 亿元企业 41 家。

标准是产业现代化的重要尺度。2006～2008 年 3 年间，江阴共主持完成 21 项国家和行业标准的研究制定，全市参与制定国际、国内行业标准企业共有 86 家，累计完成 119 项。

(2) 产业支撑体系得到不断完善和增强

现代产业体系可以看作是“四驾”马车，技术、人才、资本和信息构成了驱动现代产业体系发展的四大主导要素和动力支持。从 20 世纪 80 年代末开始，江阴就扎实开展实施“科教兴市”发展战略，重视产业技术创新、开辟产学研合作的制度性通道，服务和引导企业的研发活动。最近两年更加重视和突出知识产权、科技和人才工作，2008 年确定为“质量与知识产权立市”促进年，今年的主题又确定为“科技和人才”促进年。2006 年，江阴在区内企业产学研合作活跃的基础上，推动成立了全国县域第一个“政产学研战略联盟”，制度性地推进和完善产业技术创新体系建设。

目前，江阴已初步形成了服务经济发展的金融体系，为企业的发展提供了强劲的金融保障。江阴现有银行机构 14 家，保险机构 32 家，担保公司 26 家，典当行 6 家，证券办事机构 4 家，财务公司、农村小额贷款公司各 1 家。从 20 世纪 90 年代末开始，“江阴板块”开始不断走向壮大和成熟，不但从股市募集了资金，也推动了现代企业制度，尤其股份制企业制度的建立、完善和发展。当前，江阴正进一步推进私募股权资金、风险投资基金的发展，为科技创业、创新提供资本支持。

发达的信息环境是当今产业创新持续发展的必要条件，政府、中介机构和企业之间的互动变得愈益重要。近年来，江阴重视推进市场中介的引进、培育和职能的发挥，在政府一中介一企业互动中促进创业、创新信息的交流和汇聚，促进产业的发展创新和转型升级。

(3) 产业发展的外部环境不断优化提升

江阴在城市区域化与区域城市化过程中，城乡统筹发展进一步紧密，城市功能进一步增强，城镇体系进一步优化提升。城市空间结构由单核心向多核心结构发展演进，传统中心商务区和新兴的富有游憩与科技创业、创新功能的商务中心区，以及港城一体的中央商务区正在形成和提升。江阴以文化大发展、大繁荣为抓手，进一步推动了开放包容的城市环境、多元丰富的文化环境建设。

江阴的交通区位优势突出，现代通信信息基础设施比较完备，市场秩序相对较为完善，人居环境优美，社会保障系统日益健全，社会治安环境高度稳定和安全，这些为建设现代化产业系统提供了良好的外部环境。

3.2 江阴推进现代产业体系的实践

现代产业体系是以高科技含量、高附加值、低能耗、低污染、自主创新能力强的有机产业群为核心，以技术、人才、资本、信息等高效运转的产业辅助系统为支撑，以环境优美、基础设施完备、社会保障有力、市场秩序良好的产业发展环境为依托，并具有创新性、开放性、融合性、集聚性和可持续性特征的新型产业体系。

推进现代产业体系建设就是要进一步推进三次产业结构的优化升级、进一步优化产业辅助支撑系统、进一步提升产业发展依托环境，促进形成集创新性、开放性、融合性、集聚性和可持续性为一体的现代产业体系。从江阴的发展实践来看，有以下3点值得重视和总结。

(1) 创新产业发展政策

传统的产业发展政策，往往侧重于选中特定产业，甚至特定企业，进行资源的“优化配置”。近年来，江阴在推进产业结构优化升级过程中，重点聚焦于产业创新能力的建设，通过对技术、市场信息、金融资本、基础设施和人力资本等要素系统的提升，着力解决制约企业创新升级活动的瓶颈，推动高级生产要素与企业创新活动相匹配，分担企业创新活动的风险和成本，增强企业“自我发现”的能力，从而促进产业创新与升级。这种产业政策的特征是“匹配赢家”，而非“选择赢家”，从而规避了风险，提升了效能。

(2) 创新产业发展引领机制

从20世纪90年代中期开始，江阴就开始探索企业的动态管理，建立和完善对区域百强企业的监测和评选机制，促进了政企互动的信息交流，形成了浓厚的“比、学、赶、超”的发展氛围。近年来，在“百强”企业成功管理的基础上，为促进新兴科技型中小企业的发展，又建立了“百佳”企业监测和评选体系。除“百强”和“百佳”企业动态管理体系之外，政府相关部门还在推动企业上市和科技创新方面有专门性的动态管理体制机制。

重视分行业引导，促进同行业企业交流是江阴近年来引领产业发展的一项富有特色的新举措。政府有针对性地对纺织、冶金、机械、化工和新能源等产业进行分类管理，专门推进，专业交流，进一步提升了政企互动和企业之间互动的绩效。

(3) 创新产业发展平台

现代产业体系是一个开放的经济体系，从全球、国家、区域到地方，体系之间存在“嵌套”和融合特征。在县域空间尺度内，现代产业体系的构建除了自身的整合之外，更多的是需要融入更高层级的经济社会体中，形成互动、联盟和一体化。近年来，江阴尤其注重自身产业区与区外知识密集区的互动和联盟，以企业研发平台建设和总部建设为突破口，以创业、创新和创意载体建设为主阵地，建成了一批高水准的公共服务平台，新增一批国家“两院”院士工作站（累计达6家）、高校院所江阴合作基地、博士后工作站（累计达13家）和研究生工作站，2009年上半年重大产学研合作项目达到25项，江阴开发区成为我国产学研合作创新示范基地试点单位，江阴高新技术创业园被科技部认定为国家级创业服务中心。

3.3 进一步推进江阴现代产业体系建设的思考

从先行地区对现代产业体系的理论探讨来看，推进现代产业体系建设是一项“市场－政府－社会”三位一体的系统工程，突破了以往就产业论产业的局限，以更加开阔的、宏观的和系统的思维指导实践的发展。

(1) 以创新为第一动力，进一步提升区域创新能力和水平

从发展阶段来看，世界经济论坛（WEF）根据国家发展方向、人均收入增长趋势把一个区域的发展划分为要素驱动、效率驱动和创新驱动三个发展阶段。依照人均 GDP 达 9000～17000 美元区间为标志，江阴市正处于由效率驱动向创新驱动的过渡阶段。

从发展战略来看，传统经济发展理论强调经济发展的比较优势，比较优势和资源禀赋有关，强调一个国家和地区在经济发展中所具有的资源与有利条件。而现代经济发展理论则更加强调竞争优势，竞争优势重点强调智力资源、区域创新、区域综合能力与素质，着力通过国家（区域）创新体系建设提高国家（区域）竞争优势。

因此，江阴要更加着力于创新型城市和区域创新系统建设，要从强调沿江优质岸线资源、规模企业和资本经营等这些比较优势向强调创新人才密集、创新企业密集、创新知识产权密集和创新产业密集的竞争优势转变。通过增强创新源、完善创新链、优化创新体制机制、激发全社会创新激情，实现从“江阴制造”向“江阴创造”转变。努力造就一大批高水平的创新人才，培养一大批高层次的创新型企业家，打造一大批在国内外有影响力的创新型企业，创造一大批拥有自主知识产权的名牌产品，构建具有较强自主创新能力的产业体系。

(2) 以产业支撑系统为构架，进一步优化提升产业发展的动力支持

目前，全球区域性现代产业体系的典范当数美国硅谷，硅谷正是因为拥有强大的技术研发支持、风险资本的投入、高端人才的汇聚和充分的信息共享，为公司创业和创业公司提供了良好的“温度、湿度、土壤、植被”等，使硅谷几乎成为世界各国创业公司的“栖息地”。

发展第三类金融中心，即风险投资中心已成为当前区域经济发展的基本走势。江阴要紧抓第三类金融中心建设的发展机遇，大力推进风险投资基金、股权投资基金和创业投资基金的发展，建立研发转化基地，为高新技术产业发展服务，从而达到推进产业转型升级的目标。

江阴产业优化升级基本有两大力量。一是以城市创新功能为依托，通过吸引研发机构的入驻，新兴创业、创新人才以及高新技术产业项目的引进，加快推进新型高新技术产业和传统产业高新化的发展；二是本地企业家通过对内外各种资源的整合实现发展的创新，此种情况尤以乡镇为单元的产业区为突出。大量中小企业在彼此互动中、在与供应商、销售商、中介机构和终端市场的互动中捕捉创新的信息、技术、人才和市场。因此，产业支撑系统的完善在重视新兴的城市型创新力量的同时，也需要对量大面广乡镇产业区加以调研分析、规划引导和力量的整合对接。

(3) 以提升服务促转型为路径，进一步优化产业发展引领机制

首先，进一步丰富和提升“企业家精神”。江阴是民族工商业发展较早的地区，近代以来诞生了以吴汀鹭先生为典范的一大批优秀企业家。改革开放以来，江阴的企业家队伍在发展中不断洗练和提升，进一步形成了丰厚的历史积淀。新的发展时期，江阴不断形成了丰富多元的新型企业家队伍。继往开来，薪火相传，江阴的企业家精神需要进一步总结、弘扬，形成无形的也是最大的激励。

其次，进一步加强产业的规划整合。加强规划调研，夯实基础性工作。在产业发展课题研究过程中提升政府的产业知识管理，培育公共管理人才。加强与高校科研院所的软科学课题研究，理论与实践相结合、共融合，增加双向交流，提高课题研究质量，实现理论指导实践，实践总结经验和规律的良性互动，促进产业发展的认知、整合与提升工作。

第三，进一步推进产业政策的地方适应性。江阴经济具有内生性、多元化和开放型特征，产业发展演进具有自身独特性。从产业升级方面来看，产业内升级和产业间升级并存，但以产业内升级为主，因此对江阴主导产业“传统化”的认识可以弱化，弱化企业和产业的行业性质分类，重视制造业的高端化、服务化的发展，重视推进企业在研发、品牌、技术标准等关键环节的升级行为。

第四，从规模型企业的引导向创新型企业的引导。企业竞争优势已从规模转向速度和创新，因此建议调整企业评价标准，进一步突出企业“专业全球化”的能力和水平，弱化以地域产权治理为核心的规模企业和企业集团的优势。在培育跨国公司方面，可以进一步吸引外资企业研发本土化，积极发挥其“溢出效应”，鼓励本土企业建立开放的全球研发体系，在生产制造国际化的基础上，实现人才国际化、营销网络国际化和研发国际化。

（“现代产业体系”是 2009 年前后非常关注的产业发展分析视角，结合工作需要，在梳理江阴产业发展的基础上，本文提出了一些模型化的分析框架。文章发表于 2009 年第 10 期《宏观经济观察》。）

4 区域产学研战略联盟的构建与地方产业集群的升级——以江阴市为例

摘要：产学研战略联盟是近年来区域发展战略中的新命题，江阴市区域产学研战略联盟是目前国内较少的一个案例。本文在解析江阴区域产学研战略联盟案例的基础上，试图分析产学研联盟与地方产业集群之间的联系，并对江苏的这一案例与浙江、广东的情况作了粗浅的和非正式的比较，论文的最后指出产学研战略联盟的方向是推动区域创新系统建设，这也正是地方产业集群转型升级所需要努力的方向，所以两者之间存在一致性。

关键词：产学研联盟；产业集群；江阴；区域创新系统

地方产业集群是近年来区域经济研究的热点之一。而围绕"科教兴市"战略和产业的转型升级目标，"政产学研"之间的彼此互动关系愈益得到重视，区域产学研联盟越来越多地成为地方创新发展模式的战略选择。本文结合江苏省江阴市案例，对比浙江和广东的实践，分析区域产学研战略联盟与地方产业集群升级的联系、联盟的绩效分析和进一步发展的目标与障碍，进而提出区域创新体系建设的问题。

4.1 相关文献综述

(1) 产学研联盟

传统产学研合作，如一次性技术转让等，已经越来越不能适应全球化和市场化的发展，而通过产学研联盟实现企业与科研机构资源的共享，实现研发风险或成本的共担，优势的互补从而实现特定的战略目标。

所谓产学研联盟是指企业和高校科研机构从各自的发展战略目标与战略意图出发，通过股权参与或契约联结的方式建立起来的较为稳固的、长期的合作伙伴关系。这种伙伴关系结合了彼此的资源或优势，建立起一种优势互补、风险共担、利益共享、共同发展的正式但非合并的合作关系，目标是为了实现共同愿景、获得最佳效益和综合优势[1]。

（2）地方产业集群的转型升级

国内外成功的地方产业集群与创新具有内在的一致性。由于创新的复杂性和不确定性、产品生命周期的缩短、需求的个性化等原因，创新从过去线性模式向现在的非线性、复合模式转变，单个企业难以在价值链的各个环节保证创新的成功率，而集群内企业通过相互合作、相互学习，通过交互式作用过程，创新的基础和条件要优于单个孤立的企业，形成一种不断创新的“路径依赖”。

我国本土内生型地方产业集群的竞争力大多依赖于“低成本”路径，创新相对活跃的同时，由于企业区位上大多在乡镇辖区，知识和智力资源缺乏，创新的成绩和创新的需求与潜能相比显得相当不足，由于知识产权保护不力和市场秩序的不完善所导致的内部恶性竞争非常明显，而一些地方产业集群的不良发展所造成的环境和生态问题也相当引人关注，地方产业集群的发展亟待转型升级。区域产学研联盟能够弥补我国内生型产业集群创新要素不足的矛盾，通过战略合作，产业界和学术界的优势进行互补，从而激发创新潜能，实行产业集群的创新升级，由低成本型集群转向创新驱动型集群。

（3）产学研联盟与地方产业集群的转型升级

Doutriaux Jerome C（2003）通过对加拿大 11 个比较活跃的知识密集型产业集群的研究表明，产学研合作对这些集群发展的影响，与其说发挥了驱动作用，不如说存在催化作用。地方中介性机构和服务网络在区域发展中扮演了重要角色，政府实验室和产业自身内部的活力才是导致集群增长和成功的基本力量[2]。Jian Cheng Guan，Yam Richard C. M.，Chiu Kam Mok C（2005）通过对北京950家企业的调查分析，得出产业创新的程度和产学研合作程度成正比。然而如果用经济指标，如创新销售、利润率等衡量产学研合作效果，产学研合作就显得相对无效，同时还指出在中国产学研合作对产业创新的激励作用还处于低效阶段[3]。

区域产学研联盟的构建与发展可以看作是促进"知识密集型服务业"的发展及发挥其对地方发展的带动影响作用。相关研究认为产学研的合作联盟在集群创新系统中扮演了知识的载体、交换器和生产者的角色，是集群内企业与外界联系的重要纽带。集群的发展是产学研合作的触动器和推进器，而产学研合作联盟的发展与壮大同样推进了整个产业集群的不断前进。两者之间的发展一般经历单向的线性交流阶段、简单网络阶段和复杂网络阶段[4]。

4.2 案例的介绍

(1) 案例概况

江阴是江苏省的一个县级市，位居"苏锡常"的几何中心。全市总面积987.5km^2，户籍总人口119.45万人。2006年实现地区生产总值980.17亿元，财政收入140.01亿元，规模经济显著，是国内上市公司最多的县级市，目前共有22家。

江阴市最大的产业集群是纺织产业集群，集群内有规模以上企业416家，2006年完成工业总产值834.6亿元，占全市工业总量的31.6%（2006年，江阴市有工业企业7468家，如果按工业经济总量的比例来推算，全市纺织类企业有2360家，数据来自2007年《江阴年鉴》)。2002年，江阴市被中国纺织工业协会评为首批中国十大纺织产业基地市之一。目前全市已形成了以镇为单元的产业集聚区，有祝塘镇的针织服装、新桥镇的精纺呢绒和高档服装，周庄镇和华士镇的化纤及色织布织造、霞客镇的再生纺涤纶短纤维、顾山镇的羊毛衫及内衣、云亭镇的棉纺织，长泾镇的纺织染整等等[5]。

（2）从产学研合作到产学研战略联盟

江阴市产学研合作起步于20世纪70年代末，其雏形是“星期日工程师”，以技术服务、技术转让、技术咨询和技术委托为主要形式。20世纪90年代初期，产学研合作以招标为主要手段，多数为“短平快”的技术项目。20世纪90年代中后期，强强联合的产学研合作在江阴起步，逐步形成了多形式、多方位、多层次和多元化的格局。进入21世纪以来，出现了以资产为纽带的产学研战略联盟。到2005年底，江阴已形成80多家企业为主体，领域宽、范围广、层次多的产学研合作体，拥有23家省级以上的技术创新机构，8家博士后工作站，5家国家级企业技术中心（占全省的1/5），5家省级工程技术研究中心，以企业为主体的技术创新体系初步形成。“十五”以来，江阴市累计实施2项国家“十五”重点科技攻关项目、12项863计划项目、100多项国家火炬计划项目和70项国家中小型技术创新基金项目，共申请专利2400多项，获800多项各级科技进步奖[6]。

2006年10月22日，江阴市在江苏省率先成立了区域产学研战略联盟，该战略联盟体成立之初由国内30多所高校、科研院所和江阴市58家重点骨干企业及高新技术创业园组成。联盟的性质是由江阴市范围内的内资企业和中方控股企业与国内外高校、科研机构、跨国公司等联合创办的，以技术研发、新品开发、成果孵化等为主业的科技型企业和技术服务平台等联盟成员自愿组成的，集联合性、长期性、紧密型和市场化于一体的区域性组织。在成立之处，联盟的宗旨即指出要加快实现技术创新集群与区域产业集群的无缝对接，促进区域自主创新和产业集群的转型升级。

（3）区域产学研战略联盟与地方产业集群的链接

从2006年10月联盟的成立到今年7月联盟的系列活动，江阴区域产学研联盟的发展经历了从“整体集成”到“专业性链接”的两个阶段。

在“整体集成”的成立阶段，联盟主要面向“新材料、光机电一体化、生物医药技术和生态农业”等四大产业技术领域，初步建立起由30家高校、科研院所和68家重点骨干企业及高新技术创业园共同参与的跨行业、跨地区和跨学科的战略联盟体。2007年3月，江阴市委市政府率企业团队在西安市举办了“2007中国江阴区域产学研战略联盟西安合作交流推进会”，进一步推进产学研战略联盟向实质性方向发展，突出联盟合作的重点领域、重点高校和重点项目，筹备组建纺织、金属制品、化工等行业性技术联盟。2007年7月，在区域产学研战略联盟的系列活动之一，“百名科学家走进江阴暨人才技术合作交流会”期间，江阴市正式成立了由12家大学、科研院所和20家区内纺织产业重点骨干企业所组成的“江阴纺织产业技术联盟”，区域产学研联盟由此发展向“专业性链接”的第二个阶段。

4.3 江阴区域产学研战略联盟的组织构架和机制创新

江阴作为一个县级市，目前只有1所高等职业技术学院，尚没有独立的科研院所，在发展知识密集型服务业和吸引高端人才方面具有一定的局限性。通过建立区域产学研联盟，实现技术、人才的集群和地方产业集群的联结，促进江阴区域自主创新和经济增长方式的转变，这是江阴探索建立区域产学研联盟的初衷之一，而在此过程中，必须突破体制和机制的障碍，这也是本文案例的价值之所在。

(1) 江阴区域产学研战略联盟的组织构架

区域产学研战略联盟是涉及多个部门、多种因素的复杂战略系统，既包含企业、高校和科研院所、政府以及中介机构等内部成员之间的相互作用，也涉及外部的政治与经济环境，图4-1是江阴区域产学研战略联盟的组织构架图。

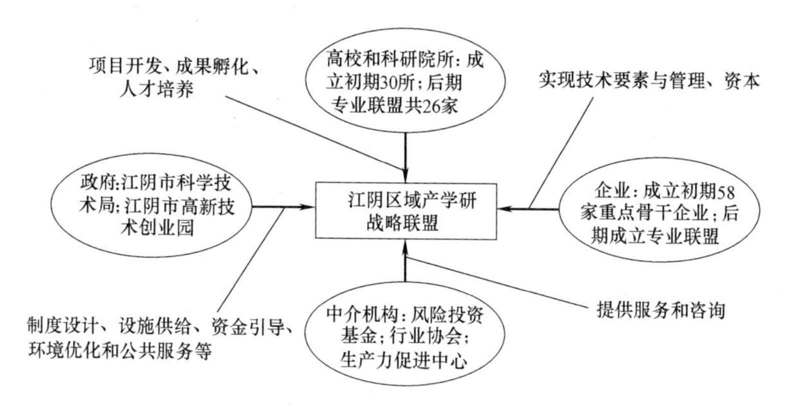

图 4-1　江阴区域产学研战略联盟的组织结构示意图

该联盟主要由江阴市政府发起组织，具体日常管理由江阴市科技局和江阴市高新技术创业园共同主持，其中高新技术创业园是产学研战略联盟的集聚区，成果转化、企业孵化和人才培养的基地，信息交流与技术服务的平台。联盟秘书处设立在江阴市科技局，建立了“江阴区域产学研战略联盟信息网站”，发布技术、人才、合作活动、经验总结、联盟建设探索等信息。在联盟成立之初，吸引了国内 30 家高校与科研院所，地方共有 58 家重点骨干企业参与。在联盟向地方产业集群的对接方面，目前成立了纺织和化工两大专业性产业技术联盟，其中纺织产业技术联盟理事单位由 12 家大学、科研院所与地方 20 家纺织重点骨干企业所组成。

（2）江阴区域产学研战略联盟的构建模式

从国内外产学研合作的模式来看，一般有以下几种制度和合作管理形式，如建立共同研究中心、设立“讲座”专项资金和国家与区域的科学基金、鼓励企业委托开发研究、组建相关管理机构、大学和企业合作研究等等。从产学研联盟的自身构成模式来看，有共建研究机构、基于项目的战略联盟和共建经营实体 3 种基本形式和 7 种子形式。从产学研联盟的参与主体的关系来看，有点对点、点对链和网络式三种联盟形式，见表4-1。从产学研联盟中参与主体的功能视角来看，有大企业集团为龙头所形成的“企业带动型”；以中小企业集群为主体，以共性技术为目标的产业集群型；以中介机构为中心的“中介机构带动型”；以高校和科研院所为中心的“技术带动型”；以高校与企业合作，在技术开发的同时，进行人力资源开发培训的“科技教育延伸型”等等[1][6]。

产学研战略联盟的基本模式　　表4-1

按联盟形式分类			按参与主体分类
共建研究机构型	项目合作型	经营实体型	
◆共建重点实验室 ◆共建工程技术研究中心 ◆共建技术开发中心	◆基于委托开发形成的产学研联盟 ◆基于合作开发形成的产学研联盟	◆基于技术入股形成的经营实体 ◆基于企业整体打包入股形成的经营实体	点对点型 点对链型 网络型

资料来源：根据王雪原，我国产学研联盟模式与机制研究［A］，哈尔滨理工大学硕士学位论文，修改整理而成。

在江阴区域产学研战略联盟的实践案例中，存在项目委托和合作开发、成果孵化（经营实体）、共建研发机构以及人才培养等形式。在成立之处，有30所高校与科研院所与地方58家重点骨干企业，围绕新材料、光机电一体化、生物医药和生态农业四大领域建立起战略合作关系，涉及具体技术研发和人才培养项目共86项。目前纺织产业技术联盟刚刚起步，由12所大学、科研院所与地方20家重点骨干企业共同组织起产业技术联盟理事会。

4.4　江苏江阴与浙江、广东部分案例的比较

浙江和广东两省是我国地方产业集群发育得最为充分的两个省份。在浙江，地方产业集群又被称之为“块状经济”，而在广东，更多地冠之为“专业镇”名称。近年来，两省均非常重视产业集群的科技创新平台和系统的建设，但在具体做法上有一定的

差异。在浙江，产学研合作的市场化运作较为充分，而在广东，由政府科技部门所推动的专业镇“技术创新平台”建设最为突出。以浙江省永康市为例，该市五金产业占地方经济的80%左右，中小企业集群化发展显著。永康五金生产力促进中心是该市产学研合作的一个重要平台，原属永康市科技局的下属事业单位，2001年按现代企业制度建立股份制民营企业后，逐渐形成新的管理体制和新的服务体系。该中心采用责任制、代理制、股份制和承包制等形式与区域内外的企业、科研机构、科技中介等开展合作，上联科研院所和高校，下接永康中小企业，“中心”成为永康市技术、人才和新产品的主渠道和集散地，形成社会共建，优势集成的局面，有效地推进了五金产业集群的科技创新[7]。

广东省专业镇“技术创新平台”建设是针对地方产业集群内部创新资源不足，采取以政府为主体的创新源外部引入，开展创新组织的公司化运作，有效地激化和整合区域内外的创新资源。广东专业镇技术创新平台主要是由企业与公共研究机构所构成，还包括政府部门、教育培训机构、中介组织等，主要面向专业镇的共性技术问题，形成与技术创新相关的服务体系（如信息平台、技术认证与质量检测、法律服务、产学合作协调、人力资源平台、技术扩散等），适宜的社会、文化环境（如文化平台等）。以广东省南海区西樵镇为例，该镇有1000多家纺织企业，早在1998年，西樵镇建立了“广东西樵轻纺城布料工艺制版公司”，并设立了三个技术开发中心。1999年在原有历史基础之上成立了“广东西樵南方技术创新中心”。2000年，广东西樵南方技术创新中心被认定为“广东省纺织面料工程技术研究开发中心”。从2003年开始，西樵镇从产业整体出发建设创新平台，形成“一个中心、五大支柱体系”（图4-2），以促进西樵纺织产业的整体升级[8]。

从浙江和广东的两个案例中不难看出，两省在促进产学研合作与技术创新平台的建设上起步早、市场化程度高，相关中介组

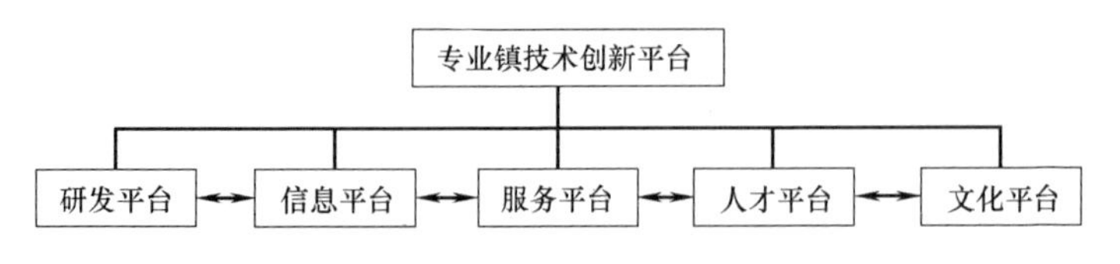

图 4-2　广东省专业镇技术创新平台

资料来源：吴国林等．广东专业镇：中小企业集群的技术创新与生态化 [M]，北京：人民出版社，2006

织发育较为健全和充分。相比较而言，江阴产学研合作联盟中规模企业主导性强，政府强势介入，组织力度大，但地方产业集群的中小企业参与度相对较低，与地方产业集群所面对的共性技术问题以及专业人力资源的培育等方面的联结尚处于探索之中，市场化程度和中介组织的发育程度与浙江和广东比较相对略显不足。

4.5　从产学研联盟到区域创新体系：产业集群升级的讨论

区域产学研联盟是建立区域竞争优势的有力工具。在资源全球性流动、创新日趋复杂化的知识经济时代，产业的升级需要知识资源，通过联盟方式并取得内核化的知识技能，成为一种可能而合理的途径[9]。但如何整合外生力量，并根植于内生的区域创新体系，是产学研联盟发展战略发挥成效的关键。所以需要厘清“大学（科研院所）——政府——产业”之间的关系，并从技术创新系统（产学研联盟）与产业创新系统所支撑的区域创新系统（地方产业集群）的有效链接上寻求系统的整合，从而实现区域的创新发展和产业的升级。

江阴产业集群化发展现象显著，尤以纺织和冶金（金属制品）两大集群最为突出。江阴纺织产业历经近百年来的产业化发展，集群中既有“常青树”、也有“新舵手”，新产品、新技术、新装备、新市场和新企业呈现“浪潮”般涌现。地方产业在历史演进中培育了特有专业技术人才并促进其集聚，形成创业和创新的地方化网络，以及积累了丰厚的产业社会资本。但作为“第一制造业”的纺织服装产业同样面临着种种挑战，如人力成本、环保优先与节能降排的压力，集群内部创新不足——以专业镇为单元的技术创新公共服务平台建设相对滞后，产业转移较快等等。江阴纺织产业产学研战略联盟的成立是实现技术创新平台与地方产业集群链接的新探索。产学研战略联盟与地方产业集群的创新系统具有发展的统一性，图 4-3 是产学研联盟与地方产业集群创新系统的关系示意图。

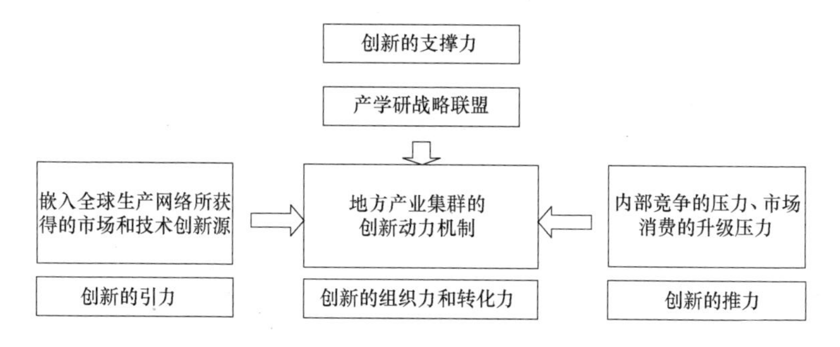

图 4-3　产学研联盟与地方产业集群创新系统的动力机制关系示意图

本文认为需要从地方产业集群的创新动力机制以及产学研联盟的发展规律出发，推动产学研联盟融入区域创新系统，促进产业升级和区域创新。

参考文献

[1] 王雪原. 我国产学研联盟模式与机制研究［A］，哈尔滨理工大学硕士学位论文。

[2] Doutriaux Jerome. University-Industry Linkages and the Development of Knowledge Clusters in Canada. Local Economy，2003，18（1）

[3] Jian Cheng Guan，C. M. Yam Richard，Chiu Kam Mok. Collaboration between Industry and Research Institutes/Universities on Industrial Innovation in Beijing，China. Technology Analysis&Strategic Man-

agement，2005，17（3）
［4］ 魏江，朱海燕．知识密集型服务业与产业集群发展的互动模式研究——以慈溪家电产业集群为例［J］，研究与发展管理，2006（2）
［5］ 江阴市经贸局．江阴市纺织行业结构调整推进会会议安排及资料汇编［R］，2007
［6］ 江阴市人民政府．江阴市区域产学研战略联盟规划实施方案［R］，2006
［7］ 王缉慈．地方产业集群网，永康五金生产力促进中心服务有新模式，http：//www．clusterstudy．com/bbs/forum/upload/showthread.
［8］ 吴国林，马宪民，陶练敏．广东专业镇：中小企业集群的技术创新与生态化［M］，北京：人民出版社，2006
［9］ 王缉慈．地方产业集群网，产学合作与产学研联盟，http：//www．clusterstudy．com/bbs/forum/upload/showthread.

（2007年前后，无锡和江阴在推进转型过程中非常重视“政产学研战略联盟合作”，本文侧重分析了其与产业集群如何协同的问题。文章在上海社科院召开的“中小企业集群与产学研一体化”国际学术研讨会进行了交流，发表于2009年第6期《科技进步与对策》。）

5 创新型企业与创新型区域经济的互动机理及对策探讨——以江阴市法尔胜泓昇集团为例

摘要：发展创新型经济是当前江阴乃至苏南经济转型的重要战略方向，而创新型企业是创新型经济的主体和基础。本文以2006年被科技部、国资委、中华全国总工会评定为全国首批103家国家创新型企业之一的法尔胜泓昇集团为例，探讨其建设创新型企业的发展阶段和发展特征，并从企业案例出发延伸出对企业和区域两个层面双向互动发展创新型企业和创新型区域经济的机理以及对策探讨。

关键词：法尔胜；创新型企业；发展特征；区域创新

推进创新型企业建设是实现经济转型、发展创新型经济的重要基础。本文以法尔胜泓昇集团为例分析其发展创新型企业的特征，并在企业案例的基础上，探究发展创新型企业和创新型区域经济的互动机理及对策。

5.1 法尔胜泓昇集团概况

江苏法尔胜泓昇集团有限公司是以金属制品为主业，具有光通信、新材料和现代服务业等多元化生产经营的企业。公司是中国500强企业，国家重点高新技术企业。2006年，公司被国家科技部、国资委、中华全国总工会列为全国首批、苏南地区唯一的103家国家创新型试点之一，2008年被评定为91家国家创新型企业之一。

5.2 法尔胜泓昇集团建设创新型企业的发展阶段[1]

法尔胜的创新发展从产品升级的角度来看，主要有这样的三大发展阶段：

（1）从“麻绳”起家到建成全球“钢丝绳”基地。公司创业之初，主导产品是捕鱼用麻绳。1966年，公司创业者学习借鉴各地钢丝绳厂生产经验，生产出第一根光面钢丝绳。1978年，他们开始开发技术难度大、附加值高的胶带用镀锌钢丝绳，1980年批量生产，结束了我国该产品依赖进口的历史。1984年，他们成功开发了当时被称为钢丝绳“皇冠”的子午线轮胎用钢帘线，产品再次升级换代。20世纪90年代中期，公司抓住国内外大型桥梁建设机遇，研发生产了大型桥梁用钢丝、缆索，结束了国内大桥钢丝依赖进口的历史。到20世纪90年代后期，公司先后建成亚洲最大的子午线轮胎用钢帘线生产基地、中国最大的桥梁用缆索生产基地。从1992年开始企业跟踪研发“镍钛形状记忆合金”，1997年开发成功，2000年，该项技术获得国家科技进步二等奖。

（2）从“钢丝绳”进入到“光绳”最前沿领域。2001年，法尔胜公司利用上市的契机，再次进行产业升级，进入到具有更高技术含量的光通信领域。先后承担了国家多个重大科研项目，5年内构建了包括光纤预制棒、通信用光纤、特种光纤、光缆、光器件在内的光通信产业链。光纤预制棒的成功开发和产业化，解决了多年来制约我国光通信产业发展的瓶颈问题，大幅度提高了我国在国际光通信领域的竞争实力。

（3）从做强主业到拓展新的高新技术领域。近几年，法尔胜公司在做强做大金属制品和光通信产业的同时，把科技创新的触

---

[1] 无锡市委调研组，坚持“科技立厂”，勇创“世界一流”——关于法尔胜集团公司建设科技创新企业的调查。

角伸向了新材料领域，先后开发了复合管材、形状记忆合金、易切削材料和超导线材等，产品技术水平居于国内领先地位。公司研发的形状记忆合金材料获国家科技进步二等奖，并以该项目为基础，通过引进外资，建成国内一流的形状记忆合金产品生产基地。图 5-1 为法尔胜泓昇集团产业升级示意图。

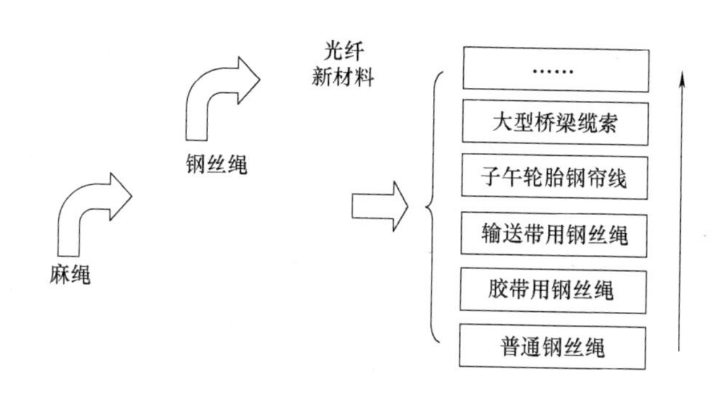

图 5-1　法尔胜泓昇集团产业升级示意图

5.3　法尔胜泓昇集团建设创新型企业的重要特征

从法尔胜的创新发展历程来看主要有以下几个方面的特征：

（1）重视信息和学习网络的建设与利用。企业发展初期即开始重视国内金属制品的信息工作。1970 年企业管理层首次参加全国金属制品情报会议，并由此开始编织企业的技术网络、信息网络和学习渠道（“这次会议把他带进五彩缤纷的钢丝绳制品世界，回厂后，他向 14 个单位，20 多个专家发出了‘拜师信’”❶）。1978 年，企业管理层在全国金属制品年会期间了解到我国胶带用钢丝绳全部依赖进口，每年需要动用大量外汇，于是企业决策决定技术攻关该产品，“一开始就把目标瞄准国外，在

❶ 江畔雄鹰——记江阴钢绳厂党委书记、厂长周建松，党的生活，1988（1）。

设计、试制中都按照日本兴国、东京制钢株式会社以及比利时贝卡尔特公司的标准执行”[1]，并在当年形成生产能力。这种重视学习和信息网络的构建在企业发展过程中存在不少典型的、节点性的事件，如 1983 年企业管理层首次出国到意大利考察，20 天时间里考察了 17 家工厂和公司，带回大捆文字资料；1985 年，企业首次参加，也是国内金属制品行业首次参加国际钢丝绳博览会，此次会议不仅直接推动企业决策加快市场国际化进程（1987 年批准为全国钢丝绳行业内第一个出口基地），而且在生产技术标准上第一次与国际标准对接——参加钢丝绳国际标准的修订会议。

表 5-1 是根据不完全统计企业所参与重要学习事件和构建的重要学习平台。

1970～2009 年企业主要学习事件和平台　　表 5-1

时间(年)	事　　件
1970	参加全国金属制品情报会议
1983	发起成立江阴市企业家协会并成为会长单位
1985	参加第十一届国际钢丝绳博览会
1996	与江苏省冶金厅合办金属制品发展战略研讨会(1996)
2001	承办中国电子元件行业协会光电线缆分会会议(2001)
2007	承办胶管钢丝行业会议
2002	承办全国首届通信光纤光缆用材料技术研讨会
2008	举办“法尔胜集团公司金属制品发展战略研讨会”
2008	承办中国水协设备材料非金属管材选型与应用技术交流研讨会
2008	发起成立江苏省工商联金属制品商会并成为会长单位
2009	承办中国第八届光纤光缆用材料暨 2009 智能化综合布线用光电缆技术研讨会
2009	承办全国钢标准化技术委员会、铁矿石与直接还原铁标准化技术委员会、生铁及铁合金标准化技术委员会年会

注：根据《岁月如歌：法尔胜集团公司建厂四十周年大事录》和《法尔胜集团公司 2004～2009 大事铭录》不完全统计整理。

[1] 江阴钢绳厂. 采用国外先进标准，在创优出口上打开局面，冶金标准化，1983 (8)。

（2）重视合资合作中的正向效应。早在1993年，公司就与比利时跨国公司贝卡尔特合资成立“中国贝卡尔特钢帘线”。近20年来，公司与美国、澳大利亚、比利时、日本、中国台湾地区、新加坡、意大利等国家和地区建立了20多个合资企业，其中有5家世界500强企业。“（与跨国公司的合资合作）找出了法尔胜在技术、管理、产品质量、人力资源等方面与世界强手的差距，同时也找到了奋起直追的目标”❶。“通过合资，企业在技术、管理、体制、人才、市场等方面与国际接了轨，实现了质的飞跃”❷。“周江说，法尔胜2008年的营业收入是152亿元，而贝卡尔特公司是我们的4倍；我们消耗65万t钢材，而营业收入4倍于我们的贝卡尔特却只消耗了130万t。无论是产业规模，还是品牌价值、技术含量，法尔胜与世界一流企业之间还有很长的路要走”❸。

1992～2010年企业重要合资合作事件　　表5-2

时间	重要合资合作事件
1992	与新加坡艺术贸易有限公司合资兴办“江阴艺林索具有限公司”
1992	与中国台湾的台湾华新丽华股份公司的香港华成国际有限公司合资建立“江阴华澄钢缆有限公司”（后更名为江阴华新钢缆有限公司）
1993	与比利时贝卡尔特公司正式签约成立“中国贝卡尔特钢帘线有限公司”
1994	与中国台湾的台湾广泰不锈钢制品公司、台湾华新丽华股份公司和日本渡边株式会社合资兴建江阴元泰不锈钢制品有限公司
1997	与江阴兴华化工物资公司、意大利弗利杰澳公司合资兴建江阴飞鹰钢铁制品有限公司
1999	与澳大利亚雷特·佛恩集团合资兴办法尔胜光电子技术有限公司
1999	与新加坡金德龙有限公司签署合资建立印尼境外加工贸易公司
2000	与贝卡尔特合资建立江阴法尔胜－贝卡尔特光缆钢制品有限公司和江阴贝卡尔特钢丝制品有限公司

❶ 陈学慧，李佳霖．法尔胜：在坚持自主创新中形成竞争优势，经济日报，2007年2月16日。

❷ 王晴，“不惑”征程一路歌—记时代先锋、法尔胜集团总裁周建松，江阴日报，2007年3月10日。

❸ 施晓力，于传平．周江：传承责任 挑战未来，南京理工大学网站，2009年11月10日。

续表

时间	重要合资合作事件
2001	与中国台湾的台湾长玮公司合资建立“江阴长兴光器件有限公司”
2001	与日本新日制铁有限公司、日本丸红株式会社合资建立江苏法尔胜新日制铁钢缆索有限公司
2002	与美国太平洋佩尔科技有限责任公司合资成立江阴法尔胜佩尔材料科技有限公司
2003	与日本住友电工钢线株式会社合资成立江阴法尔胜住电新材料有限公司
2005	与日本三井物产、神户制钢、杉田制线公司联合投资组建“江阴法尔胜杉田弹簧制线有限公司”
2008	与贝卡尔特公司合资兴建“贝卡尔特（江阴）超硬复合新材料有限公司”
2010	与日本信越株式会社、荷兰特恩驰集团决定合资成立生产光纤预制棒的合资企业

注：根据《岁月如歌：法尔胜集团公司建厂四十周年大事录》和《法尔胜集团公司2004～2009大事铭录》不完全统计整理。

（3）重视发展的“以人为本”。法尔胜坚持以人为本，致力于提高全员素质，关注员工的长远发展，为员工进行职业生涯设计。根据公司与员工发展的不同阶段、不同层次，法尔胜建立了一整套动态学习机制，公司先后与哈工大合办工程硕士班，与北京科技大学合办专升本班，与南京理工大学合办MBA班，对公司的科技与管理骨干进行系统培训，提高其专业知识水平和业务能力。高素质的人才队伍加上一大批具有实践操作经验的一线技术工人，成为公司最值得骄傲的资本❶。人文关怀和“以人为本”的管理机制吸引了各类人才的目光。目前集团有享受国务院津贴专家4名，博士12名，硕士50多名，800多名大专以上学历科技管理人员（其中教授级高工6名，高级工程师、高级经济师、高级会计师32名，海归博士4名）❷。

❶ 陈学慧，李佳霖．法尔胜：在坚持自主创新中形成竞争优势，经济日报，2007年2月16日。

❷ 周震华，夏新炯．“金木水火土”构筑企业和谐长兴路——法尔胜构筑企业核心价值文化体系解读，江阴日报，2009年8月31日。

（4）重视企业创新体系建设。在企业内部，从早期初级发展阶段开始，企业即重视内部三层次的科研与操作实践分工体系建设，形成“第一层次是厂一级的重大科研和科技攻关项目，归口到总师办，由厂组织人力、财力、物力，与承包人订立风险抵押承包合同，第二层次是科技招标项目，归口到厂科协，由厂提出招标项目，与中标者订立承包合同，第三层次是小改小革项目，归口到技协，由各部门针对现实存在的问题，通过革新解决，按实际效益给予奖励，以此吸引广大职工投入技术进步，锻炼提高职工素质，推动职工在职教育，推进技术进步面上开花结果”❶。

进入20世纪90年代，法尔胜开始完善三个层面的创新研发体系，并以基金管理和独立核算等体制机制创新加以制度化的完善提升。第一个层面是在企业内部由工程装备中心、信息中心和技术中心三者整合而成的科技创新公共平台，是集团公司科技创新的“核心层”；第二层面是在企业外部建立创新孵化平台，充分利用国内外高校和科研院所的力量开展产学研合作；第三个层面是在社会层面构建创新合作框架❷。2004年，集团公司参与建设江阴市高新技术创业园建设，从而把企业创新的触角进一步向社会化方向推进。从企业自身的研发机构建设到风险投资、产学研合作，再到打造科技创新创业孵化平台，法尔胜泓昇集团构建起立体的多层面创新发展体系。

（5）重视企业家精神的锤炼和企业文化建设。“作为一位企业家，不应是昨天的迷恋者，而应是今天的创造者，更应是明天的开拓者”；“珍惜奋斗后的成功，更致力于成功后的奋斗”；“为明天而工作”这些理念是法尔胜企业领航人几十年来的心路总结，也是法尔胜泓昇集团企业创新创业精神的高度概括和集中体现。

法尔胜几十年的成功发展很重要的一条就是不断建设和创新具

---

❶ 周建松，赵昌信．关于“科技立厂”的战略思索，金属制品，1989（15）。

❷ 小厂立大志，拼搏攀高峰，企业升级之路．北京：冶金工业出版社，1989。

有竞争力的企业文化[1]。法尔胜在人本文化、品牌文化和创新文化建设方面有着许多成功的尝试和实践。文化标语是企业文化的外在表现，据统计近五十年来，法尔胜企业文化标语超过一千多条。

法尔胜泓昇集团“以文会友，以艺为媒”，大力推进企业文化载体建设，相继成立了群众性的文学艺术联合会，办起了法尔胜报和广播电台、文化网站，设立了“百报长廊”、厂史展、企业文化收藏馆，推出了摄影展、书画展、集邮展。此外，还建立了“足球俱乐部”、老职工协会、青年科协、摄影协会，定期开展丰富多样的文体活动。2008 年成立法尔胜泓昇企业文化交流研究会，致力于积极探索企业发展奥秘，交流研究企业文化精髓，为法尔胜的百年长兴浇筑文化之基。

5.4 推进创新型企业和创新型区域经济的互动提升：机理和对策

目前，对于建设创新型企业和发展创新型经济之间的互动机理还很少有整合性分析框架。美国国家竞争力委员会提出创新型区域经济模型，认为创新取决于三大方面，即文化、网络和资产。文化主要包括是否鼓励合作、鼓励冒险、宽容失败、鼓励文化的多样性等等。网络的最重要方面是产学研结合程度。资产主要体现在人力资本、研究开发机构、金融资本、工业基础和生活质量等[2]。我们认为这样的分析框架不仅适合于宏观区域分析，同时也适用于微观企业，正是分析企业与区域互动的很好框架。以下围绕此框架分析法尔胜泓昇集团建设创新型企业和江阴基于创新型企业发展创新型经济的互动机理。

图 5-2 是创新型企业与创新型区域经济互动机理模型示意图。

---

[1] 周建松，法尔胜企业文化名家书作集。

[2] 测度区域创新——来自于美国竞争力委员会的启示，中国软科学，2008(9)。

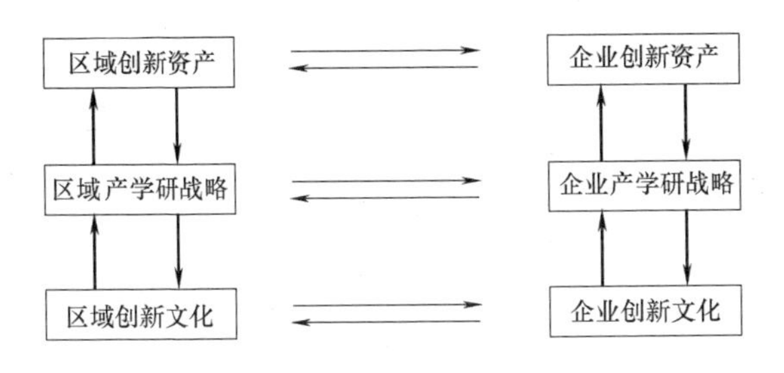

图 5-2 创新型企业与创新型区域经济互动机理模型示意图

(1) 企业层面：继续提升创新型企业发展水平

在企业创新资产方面，虽然公司已经奠定了较为雄厚的基础，组建了国家金属线材制品工程技术研究中心，拥有院士工作站和博士后工作站，创办了独立核算自负盈亏、自主经营的法尔胜技术开发中心，设立了工程装备研究中心，有江苏省金属制品质量检测中心、江苏法尔胜材料测试有限公司、江苏金属材料检测与服务平台等等，但在创新资产的网络化、国际化方面，还有长足的发展空间。

在产学研战略联盟方面，公司与哈尔滨工业大学、东南大学和南京理工大学以及国外高校科研院所通过多种纽带建立了多类型、多层次的合作与联盟关系。在进一步发展产学研战略联盟的过程中，可以进一步汲取发达国家跨国公司的经验，推进国际产学研战略联盟新模式，如在大学建立“知识互换中心”和“大学大使系统”，设立“企业大学讲师”以及企业与大学合作研究中心[1]。

企业创新文化建设方面，法尔胜泓昇集团已经积淀了丰厚的基础。进一步的企业创新文化建设，需要突出企业家创新创业精神的培育，加强学习交流，建立高度开放的制度性的对话交流平台。

(2) 区域层面：积极推动创新型企业的发展

在本文提出的创新型企业与创新型区域经济互动机理模型示

---

[1] 陈劲、金珺. 知识与资本的互动：国际产学研战略联盟新模式，高等工程教育，2008 (1)。

意图中，区域创新文化是基础和动力，而区域创新文化的核心是社会创新精神。美国管理大师、经济学家德鲁克把“企业家精神”明确界定为社会创新精神，他认为无论是社会还是经济，公共服务机构还是商业机构，都需要创新与企业家精神。创新与企业家精神能让任何社会、经济、产业、公共服务机构和商业机构保持高度的灵活性与自我更新能力。在本文的案例研究中，我们发现创新型企业的发展过程中社会化倾向明显，重视社会团体、中介组织的建设。而区域发展创新型经济过程中正需要加强“公司型的社会组织”建设，增进交流合作，弘扬企业家精神。

目前，国内宏观环境表明，企业家精神有所衰落并需要重视加以重振❶。江阴是国内500强企业和上市公司集聚度最高的县域城市之一，从20世纪80年代开始重视对乡镇企业发展的推动，90年代重视对规模企业的培育，进入21世纪以来在推进资本经营领域地域特色显著。这些为创新型经济的发展奠定了坚实的基础，也是区域企业家精神的最好体现。

在进一步的发展中，江阴为了丰富全球战略创新资源的链接以及整合方面需要克服地域不利因素，积极发挥长三角的地理邻近效应，主动创造和发挥组织邻近与关系邻近效应，为持续创新、跨越式创新发展奠定基础和创造条件。在具体对策上，建议加快建立一批根植性、基础性和前瞻性较好的专题论坛、产业论坛❷。

主要参考文献

[1] 无锡市委调研组. 坚持“科技立厂”，勇创“世界一流”. 关于法尔胜集团公司建设科技创新型企业的调查

---

❶ 许小年，企业家精神的衰落以及重振，2010年12月5日在《中国企业家》年会上的讲话。

❷ 浙江大学恒逸论坛是浙江大学恒逸基金支持民营经济发展、服务民营企业的项目之一，恒逸学术论坛分春夏秋三季举行，年终举办一次综合性的年度论坛，旨在提高民营企业家的战略管理能力，为广大民营企业家搭建一个互动交流平台，同时，也为整个浙江民营企业的健康持续发展带来新的思路与机会。

[2] 江畔雄鹰．记江阴钢绳厂党委书记、厂长周建松．党的生活，1988（1）
[3] 江阴钢绳厂．采用国外先进标准，在创优出口上打开局面．冶金标准化，1983（8）
[4] 陈学慧，李佳霖．法尔胜：在坚持自主创新中形成竞争优势，经济日报，2007年2月16日
[5] 王晴．“不惑”征程一路歌——记时代先锋、法尔胜集团总裁周建松，江阴日报，2007年3月10日
[6] 施晓力，于传平．周江：传承责任 挑战未来，南京理工大学网站，2009年11月10日
[7] 岁月如歌：法尔胜集团公司建厂四十周年大事录
[8] 法尔胜集团公司2004～2009大事铭录
[9] 陈学慧，李佳霖．法尔胜：在坚持自主创新中形成竞争优势，经济日报，2007年2月16日
[10] 周震华，夏新炯．“金木水火土”构筑企业和谐长兴路——法尔胜构筑企业核心价值文化体系解读，江阴日报，2009年8月31日
[11] 周建松，赵昌信．关于“科技立厂”的战略思索，金属制品，1989（15）
[12] 小厂立大志，拼搏攀高峰，企业升级之路，冶金工业出版社，1989
[13] 罗晖．测度区域创新——来自于美国竞争力委员会的启示，中国软科学，2008（9）
[14] 陈劲、金珺．知识与资本的互动：国际产学研战略联盟新模式，高等工程教育，2008（1）

（从投资驱动转向创新驱动，这是各地经济转型升级都着力探索的。本文最初的“猜想”是在创新型企业与创新型区域之间存在若干互动机制，在以法尔胜集团为案例的分析中，这样的猜想不仅得到了证实，而且提出了一个归纳模型，相信在今后企业的案例观察中会有更多的发现。文章在2010年5月16日中国工程院工程管理学部主办、浙大管理学院承办的“中国特色自主创新道路”工程科技论坛之“企业自主创新道路”分论坛进行了交流。）

6 建设现代产业体系：内涵、问题和路径—— 以江阴市为例

摘要：在理论总结基础上，本文提出了现代产业体系“三层结构分析法”和“四层空间尺度类型”分析构架，并认为江阴是全省推进现代产业体系建设的一个典型案例。围绕江阴建设现代产业体系的基础、问题和发展路径3个方面，文章探讨了具有一般意义的3点对策建议，并指出开放性的现代产业体系存在全球性现代产业体系、区域性现代产业体系（跨国）、国家性现代产业体系和地方性现代产业体系四种基本类型，彼此之间相互联系、相互作用。所以，建设现代产业体系的目标不是追求“大而全”的体系，关键是构建开放的“立足地方，面向全球”整合资源的现代产业发展支撑系统，目标和方向是成为全球性现代产业体系中的关键节点或枢纽。

关键词：现代产业体系；主导产业群；产业政策；转型升级

建设现代产业体系是党的十七大提出的战略部署，是贯彻落实科学发展观的重要举措。本文在梳理总结这一理论的最新进展的同时，结合典型案例分析，为推进我省现代产业体系建设提出相关政策建议。

6.1 现代产业体系内涵探析

(1) 现代产业体系理论提出的背景分析

现代产业体系理论是在中国共产党第十七次全国代表大会上首次提出的最新理论成果，主要基于以下三方面的现实基础。

首先，产业体系是客观存在的。各个经济体存在自身的系统性，“现代产业体系”是在客观现实的基础上，提出了鲜明的价值取向和功能导向。

其次，从世界经济发展趋势来看，一是产业分工越来越细化、分工协作越来越强；二是农业工业化、工业服务化和服务知识化等的发展使得三次产业之间的渗透性越来越强，边界越来越模糊。三是新型产业组织和市场中介物的不断衍生使得产业的系统性、体系性特征愈益明显。世界经济可以看作是由不同规模和层次的产业经济体系所构成的，按照不同的空间尺度可以分为全球性、区域性（跨国）、国家性和地方性产业经济体系。

再次，从发展战略来看，已有的理论工具需要整合，如新型工业化、现代农业、创新型产业集群、信息化、现代服务业、先进制造业、新型城镇化等等，这些理论涉及的只是产业发展的某一方面或某些方面。在实际工作中，在关注产业结构的优化调整和转型升级时，往往就产业谈产业，缺乏系统性、体系性的分析逻辑。因此，现代产业体系作为一个整合性又具系统分析功能的理论应运而生。

（2）现代产业体系内涵探析

广东省在全国率先提出构建现代产业体系的发展目标，并对构建现代产业体系作了深入的理论探讨和结合省情的目标设定。根据广东省委、省政府出台的《关于加快现代产业体系的决定》表述，现代产业体系是以高科技含量、高附加值、低能耗、低污染、自主创新能力强的有机产业群为核心，以技术、人才、资本、信息等高效运转的产业辅助系统为支撑，以环境优美、基础设施完备、社会保障有力、市场秩序良好的产业发展环境为依托，并具有创新性、开放性、融合性、集聚性和可持续性特征的新型产业体系。由此可见，现代产业体系理论既包含了价值导向又有方法论（系统分析工具）。价值导向存在两个误区：一是过于理想化，过度拔高，使得脱离发展实际；二是面面俱到，过于泛化，使得主旨不清。为了进一步消除以上两种可能存在的弊端，广东在构建现代产业体系目标设定上，进行了具体的规划部署。广东省提出，到2012年，三次产业结构趋于合理，服务业占三次产业的比重为50%左右，现代服务业快速发展，先进制造业规模壮大，农业综合效益明显提高，产业国际竞争力显著增强。到2020年，三次产业结构更加合理，现代服务业成为主导产业，在第三产业中比重超过60%；先进制造业和现代农业分别成为第二、第一产业的主体，高新技术产业、优势传统产业和基础产业成为现代产业体系的支柱，形成产业结构高级化、产业布局合理化、产业发展集聚化、产业竞争力高端化的现代产业体系。

根据广东的定义和具体目标，我们可以关注到现代产业体系的理论和实践存在以下一些特点：

一是在发展导向上，现代产业体系可以归纳为5个品质、5个特征，即高科技含量、高附加值、低能耗、低污染、自主创新能力强，和创新性、开放性、融合性、集聚性和可持续性。5个品质和5个特征之间有重复和交叉，如自主创新能力强和创新性、集聚性和低能耗、低污染，可持续性则包含了生态、科技和经济的可持续发展。这些发展导向和以往所强调的可持续发展、新型工业化道路、开放型经济、自主创新等发展战略是一脉相承的，是这些发展战略导向的综合。

二是在体系构架上，现代产业体系存在三大子系统，主体系统是以三次产业的产业集群为核心，辅助支撑子系统是以技术、人才、资本和信息四大要素为关键，最后以发展环境子系统为依托。发展环境子系统主要突出了人居环境、基础设施、社会保障和市场环境4个方面。从三大子系统的紧密关系来看，呈现出核心层（主体产业系统）、紧密层（辅助支撑子系统）和外围层（发展环境子系统）的三层结构关系。

三是在发展动态上，构建现代产业体系的过程就是要推进三次产业结构不断优化升级，推进现代农业、先进制造业和现代服务业的发展过程。从三次产业的比例关系来看，构建现代产业体系是第三产业比重逐步提高的过程。

四是在产业组织上，突出了“产业集群”这一新型产业组织。根据哈佛大学迈克尔·波特教授的定义，产业集群是由与某一产业领域相关的相互之间具有密切联系的企业及其他相应机构组成的有机整体，是一个复杂的有机整体。产业集群内部不仅包括企业，而且还包括相关的商会、协会、银行、中介机构等。由此可见，产业集群本身也可以看作是一个以企业群体为基础的产业体系。

通过梳理总结，我们可以发现现代产业体系理论在价值导向上体现为5个品质和5个特征，即高科技含量、高附加值、低能耗、低污染、自主创新能力强，以及创新性、开放性、融合性、集聚性和可持续性特征。现代产业体系理论关键内涵是其系统分析的三层结构分析法：一是核心层即区域主导产业群系统；二是紧密层即以技术、人才、资本和信息四大要素为核心的产业支撑系统；三是外围层即产业发展环境依托系统。在发展类型上，现代产业体系存在四种空间尺度类型，即全球性现代产业体系、区域性现代产业体系（跨国）、国家性现代产业体系和地方性现代产业体系，彼此之间相互联系、相互作用。所以，建设现代产业体系的目标不是追求“大而全”，关键是构建开放的“立足地方，面向全球”整合资源的现代产业发展支撑系统。

6.2 江阴构建现代产业体系的基础和优势与问题和挑战

(1) 基础和优势

江阴是中国民族工商业的发源地之一，是苏南模式的重要发源地，是最早发展社队工业和乡镇企业的地区之一，也是目前代表中国民族工业发展的一个先锋城市。改革开放以来，江阴一直位列全国县域发展的第一方阵，名列前茅。江阴已经初步形成建设现代产业体系的基础和优势，具体体现在以下3个方面。

1）产业不断做强做大做优，基础实力雄厚

江阴业已形成一支规模达 22 家的海内外上市企业队伍，在全国 500 强企业和 10 大世界名牌企业中，江阴占据了 1/50 和 1/10 的份额。江阴规模工业支撑强劲，2008 年江阴规模工业企业完成现价工业总产值达 4011.65 亿元，占全市工业总量的比重为 89.82％。全市百强企业全年完成产品销售收入和利税分别占全市工业总量的 66.00％和 67.46％。目前，全市营业收入达 500 亿企业 1 家，超 200 亿元企业 3 家，超 100 亿元企业 6 家，超 10 亿元企业 41 家。

标准是衡量产业现代化的重要尺度。2006～2008 年 3 年间，江阴共主持完成 21 项国家和行业标准的研究制定，全市参与制定国际、国内行业标准企业共有 86 家，累计完成 119 项。2009 年上半年，江阴新增申报制订国家和行业标准企业达 34 家，共 55 项，表 6-1 为具体行业分布情况。

2009 年申报国家和行业标准项目行业分布　　表 6-1

行业	机械制造业	化学制品制造业	金属制品业	纺织服装制造业	塑料制品业	黑色金属冶炼及压延加工业
数量	25	11	10	5	2	2

资料来源：根据作者对部门调查资料整理形成。

2）产业支撑体系得到不断完善和增强

现代产业体系可以看作是“四驾”马车，技术、人才、资本和信息构成了驱动现代产业体系发展的四大主导要素和动力支持。从 20 世纪 80 年代末开始，江阴就扎实开展实施“科教兴市”发展战略，重视产业技术创新、开辟产学研合作的制度性通道，服务和引导企业的研发活动。最近两年更加重视和突出知识产权、科技和人才工作，2008 年确定为“质量与知识产权立市”促进年，今年的主题又确定为“科技和人才”促进年。2006 年，江阴在区内企业产学研合作活跃的基础上，推动成立了全国县域第一个“政产学研战略联盟”，制度性地推进和完善产业技术创新体系建设。

目前，江阴已初步形成了服务经济发展的金融体系，为企业的发展提供了强劲的金融保障。江阴现有银行机构 14 家，保险机构 32 家，担保公司 26 家，典当行 6 家，证券办事机构 4 家，财务公司、农村小额贷款公司各 1 家。从 20 世纪 90 年代末开始，“江阴板块”开始不断走向壮大和成熟，不但从股市募集了资金，也推动了现代企业制度，尤其股份制企业制度的建立、完善和发展。当前，江阴正进一步推进私募股权资金、风险投资基金的发展，为科技创业、创新提供资本支持。

发达的信息环境是当今产业创新和持续发展的必要条件，政府、中介机构和企业之间的互动变得愈益重要。近年来，江阴重视推进市场中介的引进、培育和职能的发挥，在政府—中介—企业互动中促进创业、创新信息的交流和汇聚，促进产业的发展创新和转型升级。

3）产业发展的外部环境不断优化提升

江阴在城市区域化、区域城市化和城市国际化过程中，城乡统筹发展进一步紧密，区域城镇体系进一步优化提升，城市集聚和辐射功能进一步增强。城市空间结构由单核心向多核心结构发展演进，传统中心商务区和新兴的富有游憩与科技创业、创新功能的商务中心区，以及港城一体的中央商务区正在形成和提升。江阴以文化的大发展、大繁荣为抓手，进一步推动了开放包容的城市环境、多元丰富的文化环境建设。

江阴的交通区位优势突出，现代通信信息基础设施比较完备，市场秩序相对较为完善，人居环境优美，社会保障系统日益健全，社会治安环境高度稳定和安全，这些为建设现代化产业系统提供了良好的外部环境。

（2）问题与挑战

尽管江阴以其科技创新和资本经营的“双轮驱动”推动了全市产业现代化的发展步伐，形成了鲜明的发展优势和特色，但从建设现代产业体系的角度来看，仍然存在不少的问题和挑战。

1）从三次产业结构看

改革开放以来，江阴产业结构完成了由“二、一、三”向“二、三、一”的转换，第二产业一直占据主导地位，变动幅度较小（见图 6-1）。2008 年，江阴市三次产业结构的比例为 1.41∶62.09∶36.50，对照“经典模型”和国内外其他地区的发展情况，服务业的 36.50%比例与人均 GDP 超过 10000 万美元的发展水平有较大差距，也大大低于 2000 年 34 个低收入国家 43.5%和 48 个中等收入国家 61%的水平。这一状况可能与全球化背景下江阴制造业优势的放大、城市化滞后于工业化导致具有集聚效应的服务业发展滞后，以及与制造业服务化在现有统计体系中尚未得到充分体现有关。

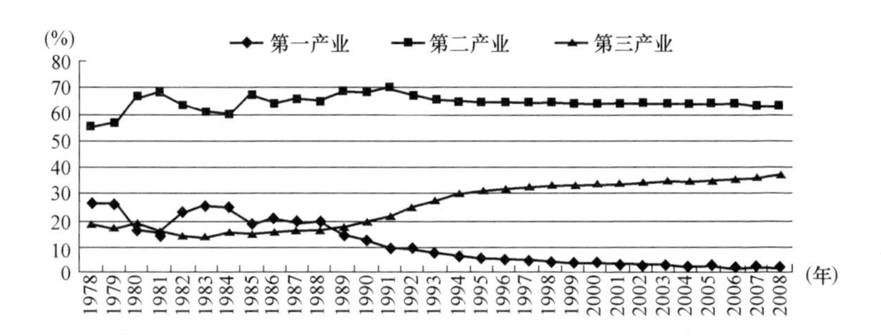

图 6-1　1978～2008 年江阴三次产业结构变动

资料来源：根据《江阴市志》、《1985～2008 年江阴统计年鉴》、《2008 年江阴市国民经济和社会发展统计公报》数据整理而成。

2）从制造业内部结构看

重化工业化是工业化中后期产业结构优化的重要特征。从江阴制造业内部结构的演进来看，重工业化趋势明显。图 6-2 是 1949～2008 年江阴轻重工业发展比例情况图，从图 6-2 中可以明显看出，从 1999 至今，轻重工业比重出现调整，重工业比例抬升明显，重化工业化过程中的负面因素需要加以关注❶。

---

❶ 资源环境和居民收入增长的压力以及产业之间的发展排斥效应。

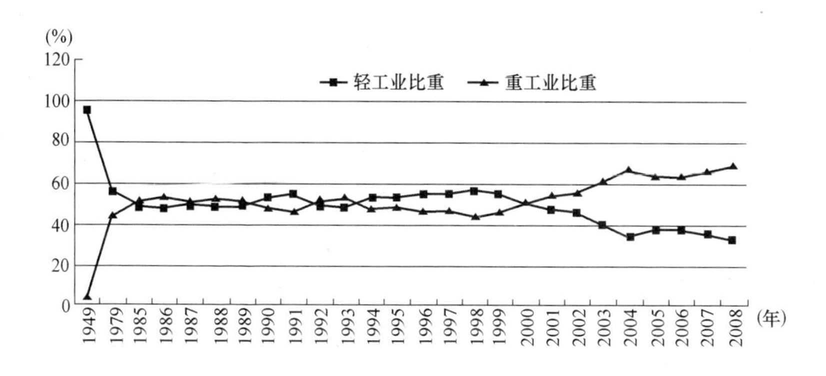

图 6-2 1949～2008 年轻重工业比重的变化

资料来源：根据《江阴市志》、《1985～2009 年江阴统计年鉴》数据整理而成。

为了进一步分析制造业内部结构分行业的演进情况，本文对制造业内部的分行业数据进行了归类与整理，得出了 1985～2008 年江阴制造业内部结构分行业演进的一些基本情况。表 6-2 为制造业内部行业分类，图 6-3 为 1985～2008 年不同类别制造业行业的产值比重。

制造业内部行业分类 **表 6-2**

制造业分类	包括行业
原材料工业	水的生产和供应业；燃气生产和供应业；电力、热力的生产和供应业；石油加工、炼焦及核燃料加工业
传统轻加工业	食品制造、加工业；饮料制造业；皮革、毛皮、羽毛（绒）及其制品业；造纸及纸制品业；木材加工及竹藤棕草制品业；家具制造业；纺织业；纺织服装、鞋、帽制造业；印刷业和记录媒介的复制；文教体育用品制造业；化学纤维制造业；橡胶制品业；塑胶制品业；金属制品业
传统重加工业	化学原料及化学制品制造业；非金属矿物制品业；黑色金属冶炼及压延加工业；有色金属冶炼及压延加工业；普通机械制造业；交通运输设备制造业；专用设备制造业
技术密集型加工业	医药制造业；电气机械及器材制造业；通信设备、计算机及其他电子设备制造业；仪器仪表及文化、办公用机械制造业

注：此分类参考了夏丽丽和阎小培的“基于全球产业链的发展中地区工业化进程中的产业演进”一文中的分析框架，详见 2008 年第 4 期《经济地理》杂志。

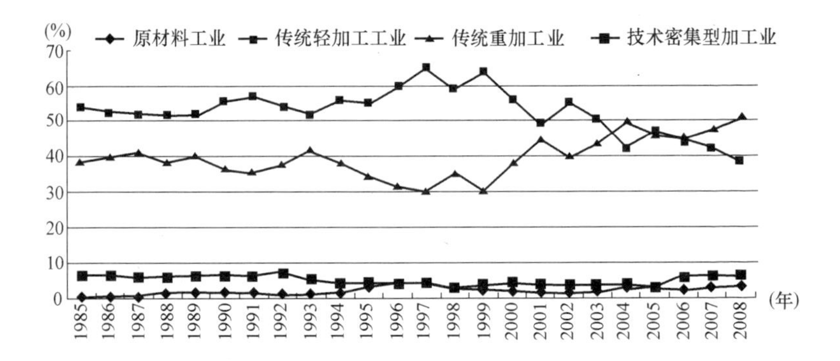

图 6-3 1985～2008 年不同类别制造业行业的产值比重

资料来源：根据《1985～2008 年江阴统计年鉴》数据整理而成。

从 1985～2007 年制造业分行业内部结构的演进来看，江阴制造业内部行业结构的演进有 3 个特征：在 1980 年代中期已经完成高加工度化进程，传统产业中纺织业、化学纤维制造业、橡胶制品业、塑料制品业、金属制品业、化学原料及化学制品制造业和黑色金属冶炼及压延加工业一直占据主导地位；二是技术密集型加工业在总量不断成长壮大的同时，比重一直较低，一直保持在 2.71%～6.67%之间徘徊，近年来发展有所加快，从 2001 年以来，比重从 3.82%不断提高至 2007 年的 6.67%；三是传统重加工业呈波动上升趋势，尤其 2000 年以来，其上升趋势较为明显。2000 年以来黑色金属冶炼及压延加工业一直位居工业总产值第一位，近八年来平均增长率高达 44.38%，比 7 年来工业平均增长率 24.94%高出 20.44%。

尽管江阴的产业结构存在“传统化”和“重化工业化”特征，但从产业发展的核心指标来看，江阴的产业升级明显表现为产业内升级方式。从表 6-3、表 6-4 关于江阴研发机构和产业标准研制的分行业分布情况中可知，江阴在机械制造、金属制品制造、化学制品制造、纺织服装制造等“传统“产业内形成了高端发展能力，在产业发展的一些核心环节取得了关键性突破。

2006～2008 年江阴市分行业完成国家标准和行业标准研制的项目　　表 6-3

年份	化学制品制造业	橡胶制品业	机械制造业	文教体育用品制造业	纺织服装制造业	金属制品业	黑色金属冶炼及压延加工业	塑料制品业
2006	7		1		1			
2007	5		1	1	1	1	2	2
2008	9	3	4			2		3
总量	21	3	6	1	2	3	2	5

2008 年江阴市分行业新增各类研发机构（无锡市级以上）　　表 6-4

行业	医药制造业	金属制品业	机械制造业	化学制品制造业	纺织服装制造业	非金属矿物制品业
数量	2	4	5	2	1	1

资料来源：根据作者对部门调查资料整理形成。

江阴的发展实践进一步印证和诠释了这样的道理：没有低技术产业，只有低技术企业；高端行业中存在低端企业，传统产业中存在高端环节。

3）从产业组织看

企业是经济组织的微观单元，区域内企业发展的风起云涌和浪潮澎湃是区域经济有机更新力量的显现，一定的新兴企业的涌现是产业升级的重要表征。但从近 12 年的纳税前 20 强数据来看，江阴新兴企业涌现率有所下降，前 6 年新兴企业涌现率达 25.8%，后 6 年平均为 10%。其中原因可能与产业发展周期有关，但亦有可能与现行对企业集团的评价与排位管理政策有关，总之值得关注。图 6-4 为 1997～2008 年江阴纳税前 20 强新兴企业涌现率。

另外，从表 6-5 中 2008 年纳税前 20 强企业名单可以观察到，有 6 家企业集团是地域型的经济组织，因此进一步推进开放

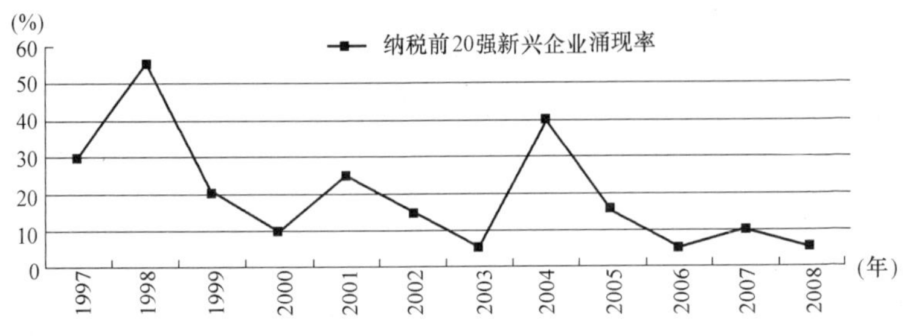

图 6-4　1997～2008 年江阴纳税前 20 强新兴企业涌现率

资料来源：根据《1997～2009 年江阴统计年鉴》整理而成。

式产权治理结构的发展是一个重要方向。

2008 年江阴纳税前 20 强企业名单　　　　**表 6-5**

序	企业名称	序	企业名称	序	企业名称	序	企业名称
1	江阴兴澄钢铁有限公司	6	江苏新长江实业集团公司	11	海澜集团公司	16	江阴倪家巷集团有限公司
2	江苏华西集团公司	7	中船澄西船舶修造有限公司	12	江苏双良集团有限公司	17	江阴苏龙发电有限公司
3	江苏扬子江船厂有限公司	8	江苏阳光集团公司	13	江苏华宏实业集团有限公司	18	江阴模塑集团有限公司
4	法尔胜集团公司	9	江苏长强钢铁有限公司	14	翰宇博德科技(江阴)有限公司	19	江苏利港电力有限公司
5	江阴澄星实业集团有限公司	10	江苏三房巷集团有限公司	15	江阴江东集团公司	20	江阴新潮科技集团有限公司

资料来源：《2009 年江阴统计年鉴》。

6.3　江阴构建现代产业体系的路径思考

建设现代产业体系的关键是要能够形成推进现代产业发育、发展的体系和机制。从产业发展主体来看，关键是推进主导产业群[1]，尤其是高端道路的创新型产业集群的发展；从产业发展支

[1] 主导产业群是在一个国家或地区产业演进过程中，领导国民经济发展推动产业机构高度化的产业群落，具有先导性、支柱性、战略性的特征。主导产业群包含两方面的内涵：一是行业内涵，即包括几个特定的行业；二是群落内涵。

撑体系来看，要创新产业发展政策，加强以技术、人才、资本和信息四大要素为核心的现代产业支撑体系建设；从产业发展载体来看，城市是现代产业发展最强的功能载体，推进城市功能升级是建设现代产业体系的关键环节。

（1）从产业发展主体来看，关键是推进主导产业群的发展，方向是形成高端道路的创新型主导产业群

产业集群是近年来发展起来的新型产业组织形态，与跨国公司共同构成当今世界两大基本经济组织。借助于这一新型产业组织形态，企业可以整合外部资源，提高资源配置效率，增强竞争优势。

江阴在纺织服装、金属制品、装备机械、精细化工、新能源和塑料制品等行业领域已经形成了产业集群化的发展态势。其中纺织产业集群被评为“中国精细纺织产业集群”，列为中国百佳产业集群之一（2008 年，中国社科院工业经济研究所主办）。江阴的产业集群有两个基本特征：一是集群之间联系紧密。与高速演进的转移型产业区相比，江阴产业演进的基本动力主要来自本地产业间联动发展产生的内部力量，主导产业为新兴产业发展提供了人才、技术和资本积累的基础，产业之间存在支持、转换和嫁接发展的各种关联，联系紧密。典型现象是企业以纺织服装为起步，进而发展纺织机械制造、再而升级到新型装备机械领域。其他如冶金、金属制品和装备机械行业，企业也存在普遍的融合与跨越的发展特征。二是产业集群虽然在地域空间上呈现离散状形态，但内部联系紧密。以太阳能和起重机械产业为例，根据相关统计，共有企业数量为 15 家和 20 家生产同类产品的核心企业，表 6-6 是具体空间分布情况。

江阴太阳能和起重运输机械核心企业的空间分布　　表 6-6

分布 1	开发区	申港街道	澄江街道	云亭镇	夏港街道	徐霞客镇	周庄镇	顾山镇	月城镇	华士镇
数量 1	1	1	1	1	1	3	3	2	1	1
分布 2	开发区	申港街道	澄江街道	云亭镇	夏港街道	长泾镇	璜土镇			
数量 2	5	9	2	1	1	1	1			

注：分布 1、数量 1 为太阳能企业；分布 2、数量 2 为起重机械企业。

资料来源：根据《2006～2007 年江阴市工业产品大全》统计整理和 2008 年新能源产业推进会材料整理。

尽管这些企业在空间分布上是分散的，但由于交通的便捷、地方行业管理的重视，以及自身存在的业缘、人缘和地缘的关系，企业在原材料、中间产品、技术、人员以及市场信息等方面存在紧密的联系。

促进主导产业群的转型升级，关键是进一步促进其有机关联，达到“形散而神不散”，推动走向高端道路的创新型产业集群的发展。首先，在已有大行业分类管理的成功经验基础上，进一步加强同一产业链或生产同类型产品的企业为集合的行业管理，发现和提供产业发展的公共管理需求，重视典型推广，促进信息交流。其次，进一步推进高端道路的创新型产业集群的发展，促进产业集群的转型升级。高端道路的创新型产业集群特征是创新、高质量、功能的灵活性和良好的工作环境，以及在良好的制度环境下企业之间自觉地发展合作关系。通过推进集群技术创新能力的升级、知识系统的升级、外向关联的升级、社会资本的升级和微观集群创新系统的升级，促进高端道路的创新型产业集群的发展和提升。

(2) 从产业发展支撑体系来看，要创新产业发展政策，加强以技术、人才、资本和信息四大要素为核心的现代产业支撑体系建设

传统产业发展政策，在侧重于选中特定产业，甚至特定的企业，进行资源的“优化配置”过程中，由于存在信息不对称和寻租行为而导致政策失灵。从发达国家产业政策的发展创新来看，新型产业发展政策重点聚焦于以技术、人才、资本和信息为四大核心要素的现代产业支撑系统的构建与完善。通过对技术、市场信息、金融资本、基础设施和人力资本等要素系统的提升，着力解决制约企业创新升级活动的瓶颈，推动高级生产要素与企业创新活动相匹配，分担企业创新活动的风险和成本，增强企业“自我发现”的能力，从而促进产业创新与升级。这种产业政策的特征是“匹配赢家”，而非“选择赢家”，从而规避了风险，提升了效能。

江阴是一座县级城市，知识和技术支持系统是今后持续发展最为薄弱的环节，如何在知识经济和信息化时代，实现产业区与大都市知识区的互动是一个新命题。近年来，江阴着力提升自身城市功能的同时，通过体制机制创新，大力推进产业创新的公共服务平台建设，并不断加强管理，提升公共平台服务的效能，表6-7为2008年江阴市新增公共服务平台名单及其功能一览表。

2008年江阴市新增公共服务平台　　表6-7

序	名　　称	功　　能
1	江阴百桥国际生物科技孵化园	科技创业
2	江阴区域产学研联盟科技成果转化服务平台	产学研联盟综合管理
3	江阴科技信息资源查询系统	信息服务
4	东南大学江阴新材料研究院	技术支持、研发合作
5	南京大学江阴信息技术研究院	技术支持、研发合作
6	同济大学江阴科技成果转化基地	科技成果转化平台
7	厦门大学江阴信息科技研究院	技术支持、研发合作
8	西安交通大学技术转移中心江阴分中心	科技成果转化平台
9	西安工程大学江阴虚拟学院	技术合作
10	美国伯克利加州大学中美战略合作研究中心中国（江阴）企业研究指导工作站	企业战略管理指导
11	苏州大学生命科学学院、美国FD、美国哈佛大学合作共建江阴市力博医药生物技术研究所及研究生实践基地	产学研合作、科技创业、人才培养

资料来源：根据作者对部门调查资料整理形成。

（3）从产业发展载体来看，城市是现代产业发展最强的功能载体，推进城市功能升级是建设现代产业体系的关键环节

以城市功能升级为核心的区位升级是建设现代产业体系的关键环节。城市功能的提升丰富了大学、研究机构等知识的生产者，尤其是具有专业知识的多样化的人力资源，以及金融服务、风险资本和相关公共服务机构，提供了大量的创新资源。

江阴的工业化先于城市化展开，城市化的第一波是以乡村工业化过程中“离土不离乡”的小城镇发展为主导形式，中心城市的功能未得到充分发展。21世纪以来，尤其近年来，产业转型升级倒逼中心城市功能升级，中心城市功能升级促进产业转型升级，两者形成良性互动（以“530”科技创业战略[1]的成功实施和科技新城的崛起最为代表），构成第二波城市化发展的突出特征。

江阴正以滨江港城、创新之城、山水名城为发展目标，城市功能将实现由单一的生产功能向物流聚散功能、研发商务功能、人文生态功能等复合功能体转变。江阴城市发展正向着百万人口级的长三角都市圈重要节点城市转型升级。江阴将更加着力于创新型城市和区域创新系统建设，进一步增强创新人才密集、创新企业密集、创新知识产权密集和创新产业密集的竞争优势。通过增强创新源、完善创新链、优化创新体制机制、激发全社会创新激情，实现从“江阴制造”向“江阴智造”和“江阴创造”转变。努力造就一大批高水平的创新人才，培养一大批高层次的创新型企业家，打造一大批在国内外有影响力的创新型企业，创造一大批拥有自主知识产权的名牌产品，构建具有较强自主创新能力的现代产业体系。

6.4 结束语

近年来，我省大力推进“现代农业高效化、传统产业高新化、新兴产业规模化和现代服务业专业化”发展战略，促进产业结构优化升级。从进一步发展提升来说，我们要重视现代产业体系理论所提出的五个品质和五个特征发展导向，即高科技含量、高附加值、低能耗、低污染、自主创新能力强，以及创新性、开

---

[1] 指引进领军型海外创业人才的行动计划。

放性、融合性、集聚性和可持续性特征。在理论指导实践的关键内涵上，重视现代产业体系理论的三层结构指导思想：一是核心层即区域主导产业群系统；二是紧密层即以技术、人才、资本和信息为四大要素的产业支撑系统；三是外围层即产业发展环境依托系统。

本文结合案例分析提出建设现代产业体系的三点政策建议：从产业发展主体来看，关键是推进主导产业群的发展，方向是形成高端道路的创新型主导产业群；从产业发展支撑体系来看，要创新产业发展政策，加强以技术、人才、资本和信息四大要素为核心的现代产业支撑体系建设；从产业发展载体来看，城市（城市群）是现代产业发展最强的功能载体，推进城市（城市群）的功能升级是建设现代产业体系的关键环节。这三点对策建议具有一般性，对推进全省尤其苏南地区现代产业体系建设具有参考价值。

最后，在发展类型上，开放性的现代产业体系存在全球性现代产业体系、区域性现代产业体系（跨国）、国家性现代产业体系和地方性现代产业体系四种基本类型，彼此之间相互联系、相互作用。所以，建设现代产业体系的目标不是追求“大而全”的体系，关键是构建开放的“立足地方，面向全球”整合资源的现代产业发展支撑系统，目标和方向是成为全球性现代产业体系中的关键节点或枢纽。

参考文献

[1] 广东省委、省政府. 关于加快建设现代产业体系的决定. 2008-7-2

[2] 钱志新. 构建高价值现代产业体系. 新华日报，2008-07-29

[3] 夏丽丽，阎小培. 基于全球产业链的发展中地区工业化进程中的产业演进〔J〕. 经济地理，2008（4）

[4] 金乐琴. 美国的新式产业政策：诠释与启示〔J〕. 经济理论与经济管理，2009（5）

[5] 俞立中，郁鸿胜. 长三角新一轮改革发展的战略思考〔M〕. 上海：上海人民出版社，2008

[6] 陆大道等. 中国区域发展的理论与实践〔M〕. 北京：科学出版社，2003

[7] 陈建军. 关于打造现代产业体系的思考——以杭州为例〔J〕. 浙江经济，2008 (17)

[8] 王缉慈. 关于发展创新型产业集群的政策建议〔2〕. 经济地理，2004 (4)

[9] 吕拉昌，李永洁等. 城市创新职能与创新城市空间体系〔J〕. 经济地理，2009 (5)

[10] 陈汉欣. 深圳建设国家创新型城市的发展战略与政策措施〔J〕. 经济地理，2008 (1)

[11] 梅丽霞，柏遵华等. 试论地方产业集群的升级〔J〕. 科研管理，2009 (5)

[12] 胡建绩. 产业发展学〔M〕. 上海：上海财经大学出版社，2008

（本文在前期工作基础上，对江阴产业结构体系进行了多视角的更深入的梳理与分析。文章在第八届产业集群与区域发展国际学术研讨会上进行了交流，发表于 2010 年第 1 期《太湖论丛》。）

7　基于核心—边缘理论的地方产业群升级发展探讨

摘要：文章首先引入理论，介绍了核心—边缘理论在分析同一产业不同层次产业群之间关联和发展的理论意义，结合最近关于地方产业群升级发展的探讨，作者给出了核心与边缘产业群控制和超越的动力机制。以IT产业和建筑陶瓷产业群为案例，具体分析了核心与边缘产业群关联和发展的阶段性和过程。最后探讨了边缘产业群升级发展的路径。

关键词：核心—边缘理论；地方产业群；全球价值链

地方产业群不仅构成当今世界经济的基本空间构架，还常常是一个国家或地区竞争力之所在。地方产业群现象吸引了来自地理学、管理学、经济学等不同学科学者的关注，但一段时间以来，理论研究和探讨主要是围绕产业群的经济正效应、产业集聚的形成机制、产业群内部的网络、资本、市场、文化、人力等要素和系统，而有关产业群的持续发展和产业群的外部分工和关联等鲜有研究。同一产业的集群存在层次性和外部关联，之间存在分工与合作，而且这样的分工与合作具有很强的动态性。本文探讨运用核心——边缘理论对产业群之间存在的层次性特征进行分析，解析产业群之间的动态演变和发展，尤其是边缘性地方产业群，即发展中国家产业群发展问题。

7.1　研究视角

1966年弗里德曼根据对委内瑞拉区域发展演变特征的研究，以及根据缪尔达尔和郝希曼等人有关区域间经济增长和相互传递理论，出版了他的学术著作《区域发展政策》一书，系统提出了核心—边缘理论模式。弗里德曼认为，在若干区域之间会因多种原因个别区域首先发展起来而成为“核心”，其他区域则因发展缓慢而成为“边缘”。核心的发展与创新有很大的关系，在核心存在对创新的潜在需求，使创新在中心不断地出现。创新增强了核心的发展能力和活力，并在向外围的扩散中加强了核心的统治地位。他还认为存在6个自我强化、反馈的效应支持了中心的成长。他们分别是主导效应、信息效应、心理效应、现代化效应、连接效应和生产效应。但核心区与边缘区的空间结构地位不是一成不变的，核心区与边缘区的边界会发生变化，区域的空间关系会不断调整，经济的区域空间结构不断变化，最终达到区域空间一体化。

核心—边缘理论应用于产业群的发展分析，其价值在于它提供了地方产业群升级发展的思路。地方产业群对应于一定的区域，是经济活动的一种空间集聚现象，一方面，不同产业的产业群在全球分布具有层次性，具有明显的核心和边缘结构，发达国家的产业群以质量、创新速度、设计能力和对市场变化的反应速度为竞争优势，既沿着所谓的“高端道路”发展，而发展中国家大多数只是具有低价格的优势，产品质量低，无法进入高价值市场，也即具有明显的“低端道路”或“高端与低端道路混合”的特征。从这个角度来说，发达国家居于“核心”，发展中国家属于“边缘”；另一方面，与这种按生产要素密集程度不同而形成多层次垂直型国际分工的同时，各国内部跨地区、跨国界的水平型分工体系错综交织地深入发展，地方产业集群完全可以发挥自身优势，在与核心区的联系和发展中不断学习和营造新的优势，实现赶超。有鉴于此，作者提出核心产业群和边缘产业群的概念，并结合产业集群的相关理论进行分析。

近来，全球价值链（GVC，Global Value Chain）成为分析产业群升级发展的重要视角。Khalid Nadvi 和 Gerhard Halder 以德国和巴基斯坦的医用不锈钢器械产业群为案例，分析全球价值链下地方产业群分工、区位变动、关联和动态发展。文婷、曾刚和张辉从全球价值链的角度分别探讨了陶瓷产业群的升级和我国产业发展问题。盛世豪以“经济全球化背景下传统产业集群核心竞争力分析”为题，运用全球价值链理论，分析了以温州为例的地方传统产业群升级发展问题。梅丽霞以“试论地方产业集群的升级”为题，总结了一般产业升级理论，指出地方产业集群升级的动因，提出地方产业集群的升级包涵 5 个方面的升级即技术能力、创新能力、外向关联、社会资本和创新系统的升级。结合弗里德曼的思想和最近围绕全球价值链的地方产业集群升级研究，可以得出核心与边缘控制和赶超的一对相互作用的关系图，见图 7-1。

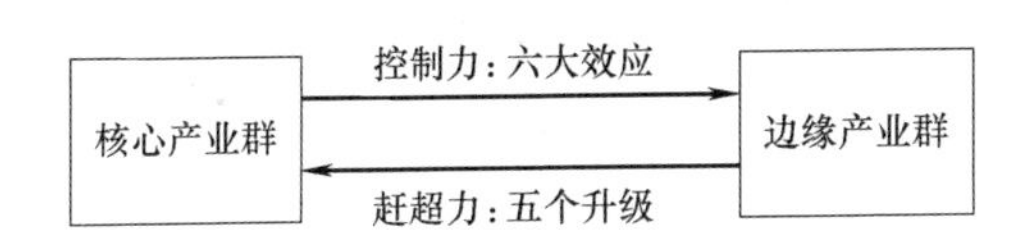

图 7-1　核心与边缘控制和赶超的一对相互作用的关系图

注：（1）六大效应即弗里德曼提出的六个自我强化、反馈的效应支持了中心的成长。他们分别是主导效应、信息效应、心理效应、现代化效应、连接效应和生产效应；（2）5 个升级即技术能力、创新能力、外向关联、社会资本和创新系统的升级。

7.2　核心产业群与边缘产业群的关联和发展

在弗里德曼的核心——边缘理论中，他阐述了核心与边缘的关系和发展，核心区域指城市积聚区，工业发达、技术水平高，资本集中，人口密集，经济增长速度快。边缘区域是那些相对于核心区域来说，经济较为落后地区，又可分为：过渡区域和资源前沿区域。过渡区域包括上过渡区域和下过渡区域。上过渡区域处在核心区域外围 ，与核心区域有一定程度的经济联系，受核心区域的影响，经济发展呈上升趋势，就业机会增加，具有资源集约利用和经济持续增长等特征。资源前沿区域拥有丰富的资源，有经济发展潜力，有新城镇形成的可能，可能出现新的增长势头并发展成为次一级的核心区域。

核心与边缘的经济空间结构不是一成不变的。当前，经济全球化和信息化背景下，全球经济空间结构在延续已有发展轨迹的同时，出现新的重组力量。一方面，跨国公司的全球生产和商务网络的空间扩张并与不同区域的地方性网络融合的过程，它在全球层次、国别层次和地方层次都具有重组空间结构的巨大力量[12]，这种力量构成了自上而下的重组空间结构力量，另一方面，地方产业群主导的地方性生产网络沿着全球产业价值链不断攀升，挑战原有的"核心"，从而可能使自身由边缘演变为核心。图 7-2 说明了这样的动态演变过程和阶段。

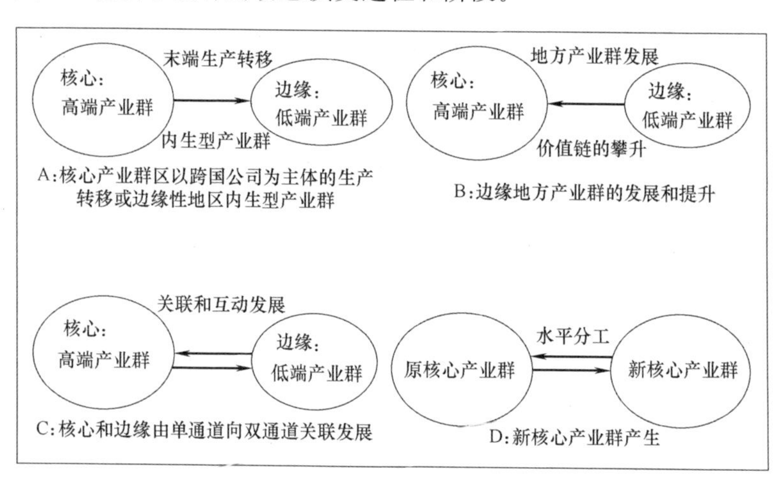

图 7-2 核心与边缘产业群的关联和边缘产业群发展演变过程图

以 IT 产业为例。当今世界计算机生产可以分为 3 个梯度：第一层在美国，核心技术集中，利润率达 25%以上；第二层在日本、韩国和中国台湾地区，利润率达 15%；第三层在东南亚和中国，以制造业为主，生产规模即使达到几十亿美元，利润率也不到 5%。中国台湾地区的 IT 产业，直到 20 世纪 70 年代还是生产消费类电子产品的低劳动成本地区，20世纪80年代初，中国台湾厂商抓住了IBM开放PC构架的商机，在全球PC产业高速增长的阶段，利用岛内相对廉价的土地和劳动力成本，从显示器、机箱、键盘、扫描仪等电脑外围设备入手，发展面向全球市场的电脑代工生产，并逐步在主机板生产、集成电路设计加工等技术含量高的环节建立起竞争优势。现在中国台湾地区已成为世界IT产业高水平制造基地，其IT总产出大大超过韩国，事实上也超出了法国和德国的总和。以新竹工业园为中心，台北新竹一带形成世界上最大的个人电脑生产基地，在方圆不足100km范围内形成PC机95%的生产配套能力，中国台湾一跃成为世界第三大电脑供应基地。从中国台湾IT产业的发展轨迹中，我们可以看出处于“边缘”的地方产业群并非永远只能处于依附地位，可以沿着一定的路径不断攀升，进而可以挑战核心。

7.3 边缘地方产业群升级发展的路径

(1) 全球价值链治理

全球价值链是指为实现商品或服务价值而连接生产、销售、回收处理等过程的全球性跨企业网络组织，涉及从原料采集和运输、半成品和成品的生产和分销，直至最终消费和回收处理的整个过程。全球价值链各个环节在形式上虽然可以看作是一个连续的过程，不过在全球化过程中这一完整的连续的价值链条实际上是被一段段分开的，地方产业集群一般是全球价值链片段化的结果，那么其最终的发展轨迹或提升路径也应该是沿着全球价值链一步步来完成。

以建陶产业为例，西班牙建陶产业90%集中在巴伦西亚地区的Castellon集群中。作为嵌入全球产业网络的后起之秀，西班牙Castellon集群内企业在与全球市场销售商频繁的沟通过程中，发现消费者对建陶产品光泽、颜色、手感舒适度的需求日益多元化。正是这个敏锐地发现，促使Castellon集群内企业执着地朝价值链上游——彩釉设计和上釉技术环节扩展，形成集群定位的战略性环节[8]。今天，几乎全球高端的彩釉原料和技术供应都被其垄断，西班牙和意大利共同执掌起全球建陶产业的霸主。他们在产品设计、生产技术、市场营销、产品附加值等处于核心地位，巴西、中国等依靠低成本等优势处于相对的边缘地位。

从图 7-3 中可以看出各自在全球价值链中的位置。

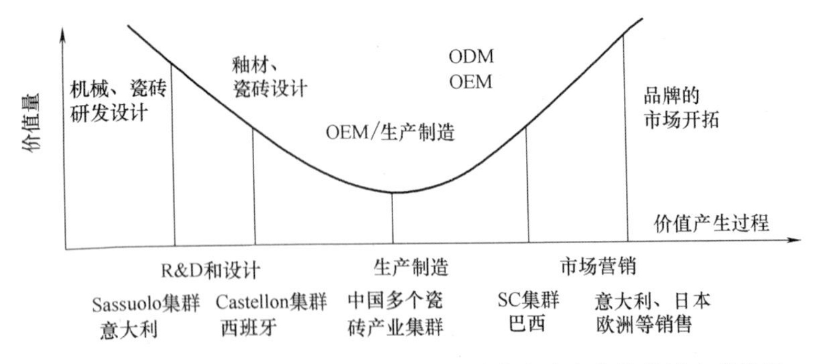

图 7-3　各个集群的主要价值来源在全球建筑陶瓷产业价值链中的位置

资料来源：文嫂　曾刚：嵌入全球化价值链的地方产业集群[8]。

中国建陶产业群从一开始就得益于融入全球产业网络所带来的外部联系，特别是意大利 Sassuolo 集群在中国地方建筑陶瓷产业群形成、发展过程中影响最大。1984 年，中国最大的建陶产业群广东佛山建陶产业群从意大利引进第一条全自动建陶生产线，而后大量企业纷纷购进。随着市场的扩大，并带动相关配套产业，促使地方建陶产业群初步形成。巨大的技术市场和产品市场吸引了意大利 Sassuolo 集群和西班牙 Castellon 集群内领先企业到中国投资，甚至把研究开发部门搬到中国来。这些频繁的互动激发了中国地方建陶产业群中的机械、加工环节快速壮大，并积极融入全球价值链中，充分发挥自身劳动力密集优势创造和捕捉价值。从出口产量来看，2002 年中国出口建陶 1.21 亿 m^2，成为仅次于意大利和西班牙的世界建陶出口第三大国。

(2) 提升地方产业群的外向关联

地方网络是产业群经济增长与知识创新绩效的基础。然而，过于依赖地方网络的发展是非常危险的，地方网络对外联系少，接近那些新知识、新技术的机遇也就相应较少，结果产业群有可能因为无法接受区域之外的创新扩散，导致技术路径被“锁定”。地方网络需要有足够的开放性，增加与外部的联系，在全球化时期，地方产业群应该是全球产业网络中的地方产业系统[4]。边缘地方产业集群也只有在加强与核心产业群的联系中，获取信息、捕捉机会。

同一产业不同层次的产业群之间存在紧密的联系，其间有生产流、知识流、信息流等。中国台湾地区 IT 产业崛起过程中，社会资本在增强产业群的外向关联中发挥了举足轻重的作用，尤其台籍在美国受教育的工程师团体在中国台湾和美国的高技术生产商的联系中扮演了重要角色。跨地区的企业家在硅谷和新竹之间架起联系的桥梁，更广泛的技能型“华裔”移民中的佼佼者促进了两地技术团队的结合与交流。跨地区团体的发展改变了硅谷和新竹之间的经济关系。在 20 世纪 70 年代和 80 年代，美国的技术和资本因跨国公司寻求廉价劳动力的动机而向中国台湾转移。这种单通道的流动在 20 世纪 90 年代已经让位给更加分散化的技能、技术和资本的双通道流动了。今天，新竹已不再是低成本所在地，它的灵活性和水平不断提高的厂商，使它持续赢得全球技术市场不断增加的份额[13]。

(3) 区域创新能力和创新系统的升级

集群形成和发展的核心动力是创新和学习，另一方面，集群更进一步促进了创新和学习。集群的创新能力升级主要表现为集群内企业不断培育自主知识产权，同时企业及其相关机构之间在供应链体系上的运作效率不断优化和提高。边缘性集群启动创新与学习过程的主要路径有 3 个：外商直接投资所形成的前向和后向关联、外包和技术许可。中国台湾 IT 产业从 OEM（Original Equipment Manufacture）到 ODM（Original Design Manufacture）再到 OBM（Original Brand Manufacture）的产业升级过程也就是创新能力升级过程。

当地方产业群竞争优势的源泉从低成本转向创新能力的时候，集群的升级最终将归结为区域创新系统的升级，反过来创新系统的升级又促进地方集群的升级。创新系统包含知识产生、扩散和应用的各种活动及其相互关系以及知识资源配置的机制。以往区域创新系统的研究过于关注集群内部的整合，而对于发展中国家与发达国家同一产业的产业群研究表明，发展中国家产业群内部默认知识、技能的流动对成熟产品的生产至关重要，但对于新产品、新技能的诞生则难有作为。相当多的创新是通过集群内旗舰企业与外部联系，尤其与核心产业群的联系中取得的[6]。因而区域创新系统的升级要着力于区内和区外系统的整合与介入，尤其在重视区内中小企业集群发展所形成的生产创新网络的同时，重视集群内旗舰企业的发展和外向关联。

7.4 结束语

弗里德曼提出核心—边缘理论距今已近 40 年，一方面，该理论在相当多的领域发挥了它的理论价值，另一方面，在今天全球化和信息化浪潮下，人类的发展面对更加复杂的图景，核心—边缘理论必将进一步创新和完善。

地方产业群的发展既涉及区域发展又涉及产业发展，在运用核心—边缘理论分析地方产业群的发展过程中，可以发现：一方面，确实存在着核心和边缘结构，核心代表的往往是发达国家走高端道路发展的产业群，而边缘就是发展中国家走低端道路发展的地方产业群。另一方面，过去那种刚性的核心边缘思维已经难以适应新的发展形势，在弗里德曼的核心—边缘理论中核心与边缘是一个不断强化的过程。虽然，他也提到了边缘的发展，但这样的边缘又添加了若干条件，使得边缘的发展和崛起看上去缺乏足够的回旋空间。以往对于核心和边缘的动态演变机制主要归于区位指向、集聚和扩散机制和空间近邻效应，而现在区域和产业发展的机遇不仅仅局限于这样的刚性机制，核心和边缘联系的路径也变得趋向复杂。这些都促使我们积极思考核心—边缘理论的创新发展。

参考文献

[1] Friedman J R. Regional development policy：a case study of Venezuela [M] Cambrige：MIT Press，1966

[2] 旺宇明. 核心—边缘理论在区域旅游规划中的应用 [J]. 经济地理，2002，22（3）：372—375

[3] 李小建等. 经济地理学 [M]. 北京：高等教育出版社，1999

[4] 朱华晟. 浙江产业群：产业网络、成长轨迹和动力机制 [M]，杭州：浙江大学出版社，2003

[5] 童昕，王缉慈. 全球化与本地化：透视我国个人计算机相关产业群的空间演变 [J] 经济地理，2002，22（6）：697—705

[6] 朱华晟. 基于 FDI 的产业集群与发展动力机制——以浙江嘉善木业集群为例 [J] 中国工业经济，2004，192（3）：106—112

[7] Khalid Nadvi ，Gerhard Halder. Local cluster in global value chain：exploring dynamic linkages between Germany and Pakistan. IDS Working Paper152，Brighton：Institute of Development Studies：2002

[8] 文嫮，曾刚. 嵌入全球化价值链的地方产业集群 [J]，中国工业经济，2004，195（6）：36—42

[9] 张辉. 全球价值链理论和我国产业发展研究 [J]，中国工业经济，2004，194（5）：38—46

[10] 盛世豪. 经济全球化背景下传统产业集群核心竞争力分析 [J] 中国软科学，2004（9）：114—120

[11] 梅丽霞. 试论地方产业集群的升级 [J] 科研管理（待刊稿）

[12] 曾菊新，罗静. 经济全球化的空间效应 [J]，经济地理，2002，22（3）：258—261

[13] 安娜李・萨克森尼安. 硅谷和新竹的联系：技术团体和产业升级 [J]，经济社会体制比较，1999（5）：49—60

[14] 王缉慈，地方产业集群网 www. clusterstudy. com，2003

8　全球与地方交互治理下的永康休闲运动车集群产业的升级

摘要：产业集群的演进过程中，全球与地方的作用是双向的。本文以全球与地方两种不同空间尺度的治理为视角，分析两者的各自影响，提出一般性的四个交互作用阶段。本文认为，在全球与地方交互治理下，加以在新兴产业领域以及电子商务发展的情况下，后发国家的产业集群完全可以摆脱“逐底式”的发展模式，实现产业升级。

关键词：全球与地方；治理；永康；集群产业升级

8.1　引言

全球与地方的关系是经济地理学研究的重要主题之一。注重“地方”、强调“全球”是近5年来国际经济地理学、区域科学和经济学对产业集群研究视角的新动态[1]。“20世纪90年代至今，替地理学研究正当性的辩护，大致朝着两个方向进行，一是考察各种地域空间尺度和组织尺度（如区域、国家、跨国公司、超国家结盟单位、NGO等）对经济活动的影响力和变化及彼此之间的关系，主要探究全球与当地两股力量的交错；二是……。”[2]

我国对于产业集群的研究大致可以分为三个阶段：第一阶段倾向于集群的内部机理的研究，第二阶段强调外部联系的重要性。从逻辑上判断，第三阶段的重点是在第二阶段的基础上，研究产业集群在内外关联和交互作用的机理。目前正处于第三阶段的起步阶段，已有学者围绕“全球化与地方化”的有机整合，提出“地方传言－全球通道”模型（Buzz-and-Pipeline Model），认为在集群创新和知识创造活动中，在全球通道上进行投资与地方化结网一样，应该成为集群政策的核心[3]。本研究继承已有的“全球价值链治理与集群产业升级”的研究成果，遵循内外兼治的逻辑思路，开拓“全球与地方交互治理下的集群产业升级”研究思路，提出全球与地方交互治理下的集群产业升级，存在一个交接点，四个交互发展阶段（见图 8-1，①、②和③分别表示国内外研究的阶段性工作，对应于本段中的第一、第二和第三阶段）。

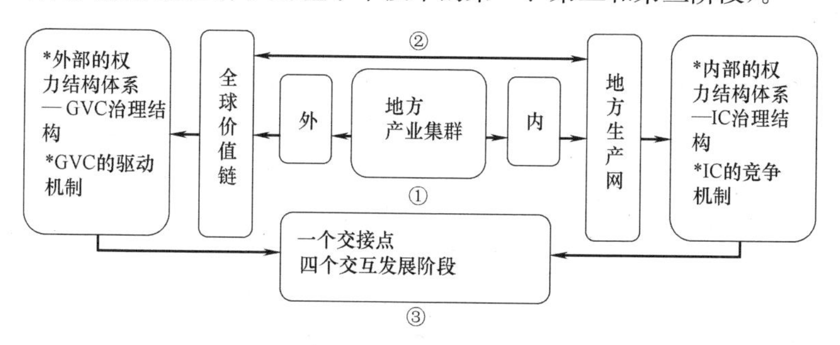

图 8-1　国内外研究现状和本研究的继承与创新概念示意图

注：GVC 即全球价值链（Global Value Chain）；IC 即产业集群（Industry Cluster）。

8.2　全球与地方交互治理的一个交接点和四个交互发展阶段

（1）概念的澄清

1）全球价值链治理

经济全球化并没有导致经济活动的“均质化”，相反一些地方成为“磁性”区域，全球经济形成集聚与分散共存的局面。全球价值链理论揭示了分散于全球的产业价值环节在生产、销售、回收处理等过程的全球性跨企业和地域的网络组织，涉及从原料采集和运输、半成品和成品的生产和分销，直至最终消费和回收处理的整个组织过程。全球价值链上的企业和地方产业集群进行着从设计、产品开发、生产制造、营销、出售、消费、售后服务、最后循环利用等各种增值活动[4]。

为了保证产品品质的一致性，为了生产能够对市场需求的变化作出及时的反应，也为了降低交易成本，跨界网络化的协作或联盟使得主导企业必须对参与链接的企业进行参数设定也即“治理”。根据交易的复杂性、信息的可编码化和供应商的能力三要素，全球价值链的治理可以分为四种类型：市场型全球价值链治理（Market）、控制型全球价值链治理（Hierarchy）；领导型全球价值链治理（Quasi-Hierarchy or Directed Network）；均衡型全球价值链治理（Network or Balanced Network）[5]。全球价值链治理强调了来自发达国家的全球领先企业所主导的链条治理，但是从立法、司法和行政这三个层面来分析，经济全球化下的治理更表现为一种网络治理。

根据 Dirk Messner 的世界经济治理模型，世界经济治理是“全球与地方之间”、“国家和地区之间以及与跨国公司之间”、“公共部门和私营部门之间”和“正式组织与非正式组织之间”等多领域、多层次、跨空间的治理主体之间的影响和协调关系（图 8-2）。地方需要学习全球规则（标准），并明了这些规则（标准）背后的运行机制，以便建立相应的响应机制。当然很多规则（标准）也是从地方逐渐向全球，自下而上扩散的。因此，在取得突破性的产业发展时，要适时地制定地方规则（标准），并推广实施这些规则（标准），这样在全球化时代能够形成地方性的“话语权”，进而塑造“核心竞争力”。

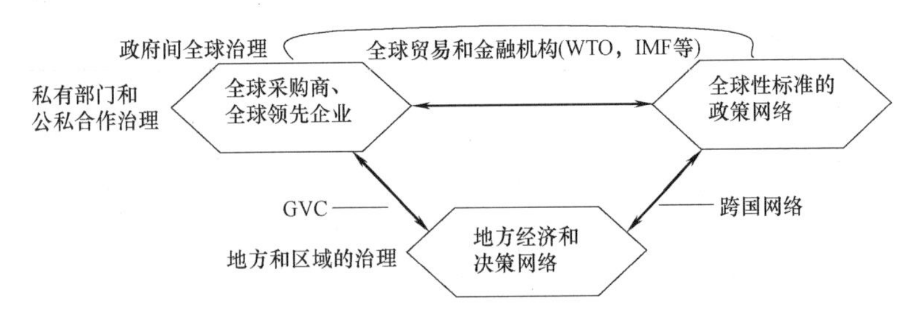

图 8-2　世界经济治理的三角模型

资料来源：根据 Messner D（2002）整理[5]。

2）地方产业集群治理

国际上对地方产业集群治理的讨论，主要围绕以下两个方面：第一，集群治理提出的原因：①集群发展存在“路径依赖”，集群的持续发展需要集群的参与者彼此互动，需要采取集体行动；②集群的本质是“创新”，集群概念内在地提出了“创新的利益相关者”，所以通过企业、大学、中介机构和政府公共管理部门等多主体的互动，实现“创新发展和升级”[6]；③集群中的机会主义行为。第二，集群治理的内涵：地方产业集群是一种地方化的经济组织模式，集群治理是一种地方治理。从狭义的厂商之间的关系而言，集群治理或地方治理指集群中围绕领先企业和配套企业之间的供应链治理，从集群的网络结构、对外部市场的响应机理和升级的角度而言，集群治理指集群参与者（相关利益共同体）为了升级而有意识地采取集体行动[6]。本文主要指后一种情况，但在“标准”的扩散研究中，又存在前一种情况。

3）集群产业升级

集群产业升级是地方产业集群升级的形式之一，地方产业集群升级包含了企业升级、产业升级和区位升级等。在本文中，集群产业升级专指四种升级方式：产品升级、过程升级、功能升级和链的升级[1][7][8]。

(2) 全球与地方交互治理的一个交接点和四个交互发展阶段

在新的全球生产和贸易秩序中，来自发展中国家的生产者愈益与全球标准相联系，尤其当其进入全球价值链[9]，从质量保证、安全、工作条件到各种道德伦理的标准，名目繁多得令人吃惊。一般而言，理解标准的制定、运行和含义对政策制定者和研究人员非常重要，但这是一项有难度的任务，主要问题就在于标准的不断衍生[10]，而各种标准的制定、采纳和执行是全球和地方交互治理的一个直接交接点。

地方产业集群的提升发展历程是内外不断动态协同的过程。对全球价值链下的地方产业集群的研究表明，不论是外部置入还是本地嵌入，总之进入全球价值链有利于地方产业集群得到快速的提升，尤其在产品升级和过程升级方面绩效明显，但在功能升级与链的升级方面，以及对全球价值链的主导者产生威胁的方面，地方产业集群内的企业会面临种种外部障碍。所以地方产业集群发展到一定阶段，其内部的“本垒”功能作用将会进一步凸现出来。本文提出，全球一地方交互治理下的地方产业集群产业提升发展一般经历四个动态过程：推拉发展阶段、推阻发展阶段、突破发展阶段和成熟发展阶段。

第一阶段，推拉发展阶段。集群优势和全球价值链优势相结合，集群产业发展驶入“快车道”，一是全球价值链的主导者会指导和帮助集群企业在产品质量、从订单到交货的时间周期、运输的及时性、生产弹性甚至创新设计能力等方面迅速提高；二是，进入全球价值链的地方产业集群会在外部（全球）治理的压力下作出内部调整和响应，推动集群发展。在这个阶段中，全球价值链治理是拉动集群产业升级的主导力量。

第二阶段，推阻发展阶段。全球价值链的主导者会在价值链高端环节或自身核心竞争环节设计种种障碍，阻止来自发展中国家集群内部企业的升级。从产业升级的四个方式而言，一般在功能升级和链的升级方面设置障碍。这一阶段，集群治理对推动集群产业升级最为重要，关键在于扭转集群的竞争机制——是同质化低价竞争，还是差异化创新发展，如果地方产业集群治理失败将面临被全球其他集群或生产基地替代的风险。

第三阶段，突破发展阶段。发展战略主要在两个方面，一是厘清全球价值链治理的地域差异，并从控制最为薄弱的地域类型入手——一般是国内市场，也可能是全球价值链控制较松的国际低端市场，培育集群产业新的核心竞争力（尤其服务与销售和设计与研发环节）和促进集群功能性升级（价值链条的战略性功能重构）；二是从顺应全球价值链治理向主动融入全球经济治理网络，并积极实现从内向外向国际化的发展转型[1]。在一些突破型产业中（如本文中的休闲运动车产业），地方拥有更多的取得突破发展的机遇，价值链可以由发达国家的买家驱动转向集群生产厂商驱动。

第四阶段，成熟发展阶段。实现功能和链的升级，产业集群整体进入高端环节，成为国际化的高端地方产业集群。

8.3 永康休闲运动车产业集群的形成与发展

永康市位于浙江省中部，距杭州 200km，2002 年全市总面积 1049km^2，总人口 53.6 万人。永康具有悠久的五金手工艺历史，改革开放以来，五金产业迅猛发展。目前，永康市是我国最大的电动工具出口基地之一、是全国农用车生产主要基地之一、是中国南方最大的防盗门生产基地、是我国不锈钢器皿（茶杯、茶壶等）和衡器生产的主要集聚地、是全球休闲运动车[2]的主要制造基地。

(1) 永康休闲运动车产业的发展演变

永康休闲运动车产业的发展大致可以分为三个阶段。第一阶段（1999～2000 年），产品的引入和内部生产体系的形成。1999 年，市域一家企业到美国参加世界五金博览会，发现滑板车产品并以 400 美元的价格购买了滑板车“样品”车，经过对滑板车的分析和试制，最后 84 个零部件在当地 100 多家企业的协作下，

---

[1] 鲁桐、李朝明把企业国际化区分为内向国际化和外向国际化两种发展方式。企业内向国际化包括进口、购买技术专利、特许经营、国内的合资合作；企业外向国际化包括产品和服务出口、技术转让、海外生产等，企业外向国际化是内向国际化充分发展结果。见鲁桐、李朝明，温州民营企业国际化［J］，世界经济，2003（5）：55-63，本文认为企业这样的提升过程一样适用于集群产业的发展提升。

[2] 这里的休闲运动车指电动滑板车、汽动（汽油机）滑板车、汽动溜冰车、迷你摩托车、太子车、跑车、越野车、电动哈雷车、卡丁车、沙滩车、老年代步车和高尔夫球车等。

三个月内实现了本地化生产。2000 年该企业的滑板车产品通过广交会平台，迅速吸引了众多国内外客商，并大举进入了国际市场。这一阶段主要生产普通脚动滑板车，其一般结构为两个轮子，一块踏板，梯子形把手，价格从几十元到几百元不等，产值为 5 亿元左右，就业人数近 5000 余人。

第二阶段（2000～2002 年），电动滑板车成长为市场主流产品，普通脚动滑板车为辅，汽油滑板车开始出现。生产企业由正常稳定的 100 多家，迅速扩张到 400 多家，产值超过 20 亿，就业人数近 2 万人左右。永康生产摩托车发动机的星月集团有限责任公司，没有参与到以普通滑板车为主的第一次产业浪潮，但该公司通过普通滑板车与自身技术和装备优势的嫁接，研制出电动滑板车。“星月”作为集群领先企业的产品创新，带来了丰厚的回报，2001 年，该公司电动滑板车的出口额达 3000 多万元。与此同时，也带动了整个产业集群的第二次创新发展的浪潮。

第三阶段（2003 年～至今），以生产集休闲、娱乐、运动等多品种、非道路用的休闲运动车为主，动力有电动和汽动，品种有电动滑板车、汽动（汽油机）滑板车、电动哈雷车、卡丁车、沙滩车、老年代步车和高尔夫球车等，车轮发展为两轮、三轮和四轮并存发展的局面，排气量由 50CC 以下发展到 125CC，档次和质量不断得到提升，价格由几百美元到上万美元不等❶。据不完全统计，2005 年，永康休闲运动车行业年总产值达 100 亿元，自营出口 3.27 亿美元，分别占全市工业总产值的 18%和自营出口总量的 31.27%。行业企业共有 915 家，其中整车生产企业 205 家，配套企业 710 家，从业人数 5 万余人，年产量 450 余万辆。从产业扩散形成的产业带来进行统计，永康、缙云和武义三个周边县市的休闲运动车产量占全国产量的 80%，年产量近 600 万辆，年产值达 135 亿元，整车企业 255 家，配套企业 1060 家，

❶ 部分资料来自于专题片《休闲运动车，创新发展的产业》整理而成（永康市电动车行业协会提供）。

从业人员 7.6 万人左右[1]。

(2) 进入全球价值链的方式演变与产业发展

全球价值链塑造了市场准入，即使发达国家拆除贸易壁垒，发展中国家也并非可以自动获得进入发达国家市场的机会，因为发展中国家生产者嵌入的价值链往往为少数生产者或购买者所控制。为了达到进入发达国家市场的目的，发展中国家的企业首先需要进入那些领先企业主导的全球价值链（Schmitz H，2005）。

永康休闲运动车产业集群内部的企业最初进入全球市场的途径，主要是通过外贸公司和参加会展。电子商务能够减少贸易环节，增加进入国际市场渠道的机会，而且成本较低，方便快捷。从 2002 年开始，国内主要电子商务平台“阿里巴巴”网，迅速得到了产业集群区企业的认同。根据调查（共抽样调查了 24 家典型企业），企业平均通过电子商务实现贸易接单的比例达到 45%～60%，展会的贸易比例占 20%～30%。以集群领先企业步阳集团为例，2003 年到 2004 年，电子商务贸易从 30%上升到 38%。

通过频繁的贸易接触，一些国际大的采购商开始关注并频频造访产业集群区的企业。2002 年，沃尔玛开始对集群领先企业步阳集团考察，2003 年，开始合作，通过与国际大买家的合作，步阳的生产能力和外贸出口额迅速扩张。图 8-3 是 2000～2005 年步阳集团休闲运动车业的出口额变化，从图中可以看出，从 2003 年开始，步阳的出口额得到了迅猛的增长。

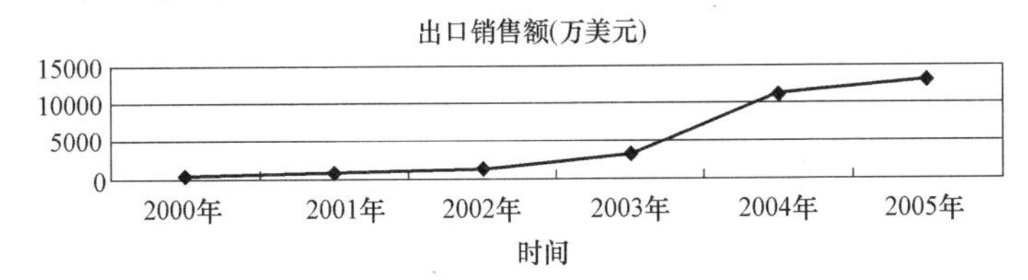

图 8-3　2000～2005 年步阳集团休闲运动车业的出口额变化

资料来源：根据步阳集团网站资料整理。

---

[1] 资料来源于永康市电动车协会秘书处，失单之痛惊醒永康—永康市电动车协会创新维权新闻报道集 [G]，2006：P2；P199：P176。

进入全球价值链对永康休闲运动车的提升带动作用主要体现在以下几个方面，一是，在职工培训、机器设备和市场信息方面，25%的企业认为接受过采购商的职工培训和引进调试新设备的帮助；在“提供产品出口市场信息”方面的比例甚至达到75%。二是，集群内企业在品牌和产品设计能力方面的提升，调查结果表明，最初以采购商来样订购为主，目前企业自行设计的比例已经提高到31%；采购商设计平均比例下降为27%；还有42%的比例为企业和采购商合作设计。第三，在自有品牌和贴牌生产方面，自有品牌的平均比例已提高到29.3%。另外，采购商对质量的、及时性和环保标准执行的要求推动了企业提高产品质量和生产效率。对企业已经通过的各种认证的抽样调查表明，80%的企业通过了ISO 9000—2000的认证，75%的企业通过了CE认证。

8.4 地方治理对全球治理的响应与产业升级

进入全球价值链的地方产业集群可以获得快速的提升，但持续的发展仅仅靠外部联系的加强显然是不够的，建立有效的内部响应机制以及对内部关系的治理一样地非常重要。区域发展是地域化的关系网络与全球生产网络的动态战略协同下价值（经济租金）的创造、增强和获取。

全球价值链的主导者为了阻止来自低端价值环节的竞争力提升，会在产品认证、技术标准和专利使用等等方面设置障碍，并利用其在高端环节的垄断性优势对低端价值环节实行种种如价格和成本的打压。本文主要探讨后者作用下，地方产业集群的内部响应和产业升级。

（1）低价竞争导致问题的诱发

1）问题的表象

2004年6月，国际零售业巨头沃尔玛公司委托“香港360采购有限公司”到永康采购休闲运动车，订单总值近1亿美元。

“香港 360”同时向集群内 8 家企业整体下单，咨询报价，在获得最低报价的信息后，把订单进行分拆。但集群内部企业在报价时，采取的策略是两三个品种报出最低价，甚至亏本价，其他则略有赢利，希望借此吸引买家，打败同行。结果是低价恶性竞争导致买卖双方关系的破裂，诱发了集群内部从企业、新闻媒介到政府对集群内部恶性竞争关系的极大关注❶。这一问题同时反映了，当前永康休闲运动车产业的“高端”环节（品牌和营销）为跨国巨头所掌控。

2）问题的实质——“低价竞争机制”的锁定

从永康休闲运动车产业集群的起源来看，集群的最初诞生是源自对外部市场产品的仿制，借助自身区位的产业分工协作基础，取得生产性的垄断地位。但集群内部的企业在进入和退出该产业方面，几乎具有统一的优越便利性，所以竞争的压力主要来自集群内部，这种由于内部企业恶性竞争所带来的影响，在集群所在地方已形成共识，称之为“浪潮经济”[11]。当产业面向的是国内制度不完善的市场时，还诱发“柠檬市场”问题，导致“劣币驱逐良币”的现象。

面向国际市场的休闲运动车产业，虽然没有产生“柠檬市场”问题，而且在通过外部市场的引力作用下产业得到了一定的提升。但内部在“创新租金收益”问题上，由于知识产权保护体系的不完善，仿制盛行，企业创新动力不足，差异化发展战略难以施行，内部企业间在仿制风险困扰下高层次协作不够，集群整体被“低价竞争机制”锁定❷，加以国际产业巨头的价格打压，地方产业集群的发展面临“逐底式”发展的困境。

（2）地方产业集群治理——行业协会维权下的集体行动

面对国际大买家的价格“打压”，面对内部企业间的恶性

---

❶ 永康市电动车协会秘书处．失单之痛惊醒永康—永康市电动车协会创新维权新闻报道集［G］，2006：P7；P17

❷ 笔者认为发展中国家的集群发展风险中，并非主要来自技术锁定、功能锁定和区域锁定，最突出的问题是“低价竞争机制”的锁定。

竞争，永康五金产业集群的发展再一次面临严峻的挑战。在挑战的成功应战中，有两大主体扮演了重要角色——领先企业和政府。

首先，嵌入全球价值链获得巨大收益的是集群内部的领先企业，在集群的初始发展阶段，只有少数的领先企业具有达到国际市场各种“门槛”的能力，中小企业分享了参与集群内部分工的部分收益。其次，在仿制和技术溢出方面，集群内部的中小企业是所得利益者，领先企业相反。因而，集群治理所需要采取的集体行动发起者注定是集群中的领先企业，领先企业也往往是集群中的“权威”，所以其能够发起集体行动和胜任起领导的角色。

我国的文化传统和转型发展阶段的政府管理，决定了我国当前地方产业集群治理的运行机制和动力框架：政企互动，企业发起，政府响应和支持。永康休闲运动车产业集群的治理是以行业协会为平台，以问题为导向，以媒体舆论宣传达成共识为基础，公共管理的多部门相互协作采取行动（表 8-1）。

永康休闲运动车案例中集体行动的时间和事件演进过程

表 8-1

时间	事　件
2005 年 5 月	集群企业迫于低价恶性竞争，整体退出“沃尔玛”的采购
2005 年 7 月	地方和省级媒体集中报道“沃尔玛”事件，分析集群内部恶性竞争问题
2005 年 7 月	政府部门对问题状况进行调查，企业对行业治理广泛表示认同
2005 年 8 月	政府部门和行业协会成员对邻近区域（温州）的成功经验进行走访学习
2005 年 8 月	永康市电动车行业协会出台《电动车汽油机滑板车行业协会维权公约》
2005 年 8 月	130 家企业在《维权公约》上签字，行业协会成员由 38 家企业发展到 108 家
2005 年 9 月	开始受理维权申报，通过鉴定的结果在媒体上予以通告

续表

时间	事　　件
2005年11月	成功开展维权第一案，媒体开展相关报道，行业维权得到广泛响应
2005年11月	协会创办的"中国合作博弈网"开通
2005年12月	开始"人才维权"，到2006年1月底共有422名企业专业人才进行了维权公示
2006年2月	成立浙江省休闲运动车行业协会，维权范围扩展至全省，共有138家企业加入

资料来源：根据《永康市电动滑板车协会创新维权新闻报道集》整理。

8.5　全球和地方交互治理分析

在本文的理论部分，提出了全球和地方交互治理下的集群产业升级的四个阶段。结合以上分析，认为永康休闲运动车产业集群已经基本走过第一阶段，正处于第二和第三阶段的过渡时期。

在第一阶段中，永康的休闲运动车企业凭借优越的集群环境，获得了产品成本的、即时生产的和初步的创新设计竞争优势，成功进入全球产业价值链和发达国家消费市场，并在全球价值链治理中获得快速的产品升级和过程升级。但由于内部的恶性竞争，引发集群内部治理的增强，两者共同推动了产业升级。在本案例的调研中，以下调查问题可以作为经验性证据，一是问"进入全球采购商渠道后，与地方中小企业的关系是增强还是减弱（协作和外包）"，回答增强的为79.1％；二是问"行业协会维权后，企业外部合作增加了吗?"，回答增加了的为62.5％。这两方面表明，全球价值链治理和集群治理共同作用下，集群的供应链变得更加紧密，并由此推动集群的升级。

全球价值链的治理提升了集群企业的产品升级和过程升级，

这一成果通过集群的技术扩散，使得全球采购商的选择范围扩大，集群内部竞争激烈，加以全球价值链主导者对集群企业在功能升级和链的升级的阻挠，所以在第二阶段和第三阶段中，集群产业升级的动力主要来自集群内部——尤其集群内部成功的治理。永康在2005年8月以来的以“行业协会”为牵头的集群维权治理，揭开了内部知识产权保护和促进创新的序幕，集群的进一步治理将在集群更深层次的互动中，增强自主创新能力，由“重生产”向“重研发”转向，以及集群内部的领先企业在营销与售后服务功能上的提升。就目前而言，前期的产业发展已经奠定基础，如对产业价值链的流程问题调研中（图8-4），我们发现，集群中的生产商研发设计能力已经非常强，这一方面得益于“电子商务”的发展突破了传统国际大买家的“前置性结构优势”，能够及时获得终端消费者的需求信息，另一方面是在这一新鲜产业中，发展中国家的地方产业集群获得了“突破性”创新发展的机遇——外部的技术标准和专利的障碍相对较少。所以，在这一新鲜产业中，发展中国家的地方产业集群完全可能由“受控型”向“控制型”转变。

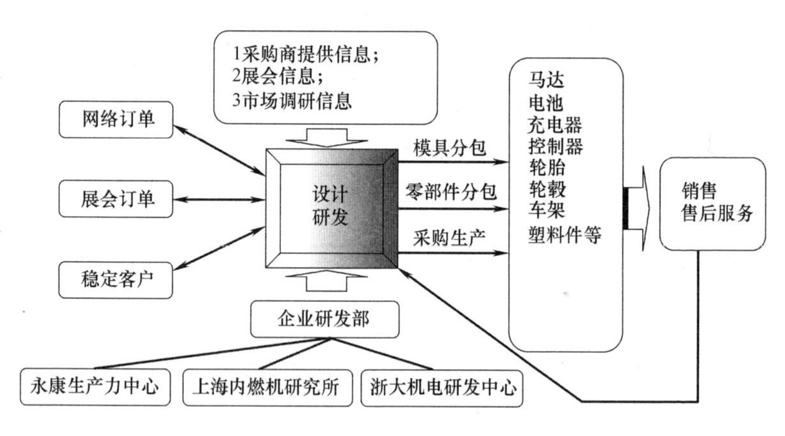

图8-4　永康休闲运动车的价值链流程示意图

资料来源：根据调查资料整理而成。

8.6 结束语

全球与地方交互治理下的集群产业升级研究表现为多个层面，如全球治理中对产品标准和认证提出的要求，进而地方通过多个主体之间的协作，实现对劳工、环保、产品技术性能和安全性能等方面的响应。这在对巴西鞋业集群的研究成果中已有阐述[12]。本文主要侧重在全球价值链的主导者在实现了对地方产业集群一定的提升之后，其合作对象的选择范围扩大，从而施行价格打压，发展中国家的地方产业集群面临“逐底式”发展的困境，在这种情形下，地方产业集群内部如何面对外部挑战，保证产业继续取得提升发展？本文认为，地方产业集群的产业升级需要全球一地方的双向度作用，而这两种力量在产业提升进程中，不是始终一致的。文章提出了全球与地方交互治理下的集群产业升级可以分为四个阶段，但由于案例的发展时间还很短，四个阶段的实证还有待今后进一步的跟踪调查研究。

参考文献

[1] Humphrey J. and Schmitz H，Governance and upgrading：linking industrial cluster and global value chain research，IDS Working Paper 120，University of Sussex，IDS Bulletin，2000

[2] 魏欣仪，厂商跨界学习能力—“邻近性”观点回顾与研究途径的建议[J]，世界地理研究，2005（4）：1—7

[3] 苗长虹，全球—地方联结与产业集群的技术学习——以河南许昌法制品产业为例[J]，地理学报 2006（4）：425—434

[4] 张辉，全球价值链理论与我国产业发展研究[J]，中国工业经济，2004.194（5）：38—46

[5] Messner. D，The concept of the“World Economic Triangle：”Global governance patterns and options for regions. IDS Working Paper 173，Brighton. IDS，University of Sussex，2002

[6] Gilsing. V，Cluster governance：how clusters can adapt and renew

over time, Paper prepared for the DRUID PhD-conference, Copenhagen, 2002

[7] Humphrey J. and Schmitz H.. "Governance in Global Value Chains." IDS Bulletin 32 (3), 2001

[8] Humphrey J, The global automotive industry value chain, UNIDO Sectoral Studies Series, 2003

[9] Navas-Alemán. L, Bazan. L, Local Implementation of Quality, Labour and Environmental Standards: Opportunities for Upgrading in the Footwear Industry, SEED WORKING PAPER No. 45, 2003

[10] Nadvi. K , Wältring. F, Making Sense of Global Standards, INEF Report, Heft 58 , 2002

[11] 胡德伟，永康浪潮经济初探［J］，浙江社会科学，2002（1）：186—189

[12] Navas-Alemán L, Bazan L, Local Implementation of Quality, Labour and Environmental Standards: Opportunities for Upgrading in the Footwear Industry, SEED WORKING PAPER No. 45, 2003

9 基于地域联系的地方产业集群转型升级探讨——以戴南不锈钢产业集群为例

摘要：地方产业集群的发展，一方面要挖掘地方内部基于产业网络和人脉网络的联系，降低交易成本，促进创新，形成集群发展的内部合力；另一方面，在全球化背景下，地方产业集群嵌入全球价值链和嵌入的方式构成了其发展的机遇和挑战。地方产业集群需要增强本地生产系统的内力和利用外部资源相结合。本文结合产业集群的地域联系分析框架，分析集群的内外部联系与转型升级的关联，提出我国内生型产业集群转型升级的三个方向，即由粗放松散型向集约紧密型、由内向区际化联系型向嵌入全球产业价值链的外向国际化发展型以及由非正式集群向组织化正式集群转型，文章最后提出了具体的三点对策。

关键词：产业集群；地域联系；生产网络；全球价值链

9.1 问题的提出

新区域主义认为，产业集群的发展动力是内生的，集群发展的力量源泉在区域内部。伴随经济全球化的深入发展，全球价值链理论揭示了产业全球化的组织和治理，我国地方产业集群已经逐步纳入全球生产体系，嵌入全球价值链和嵌入的方式都非常重要。因此，产业集群的发展不仅需要挖掘和强化地方内部联系，而且要重视愈益重要的外部联系所构成的机遇和挑战。

关于产业集群的地域联系研究在已有研究中主要集中在以下4个方面：(1) 集群的内涵。从地域内部来看，集群是基于共同的文化背景、社会规范、社会网络而形成的经济和社会集聚体；从集群外部联系来看，集群是经济全球化背景下，全球产业组织的一种形式——全球产业网络化下的集聚体。从“地方”的视角来看是“专业化的地方生产网络”；从“全球”的视角来看是“全球生产网络的‘马赛克’”[1]。（2）集群的演化阶段。比较典型的分析认为集群的发展分为4个阶段：1）基本要素集聚阶段；2）价值链集聚阶段；3）社会网络集聚阶段；4）创新体系集聚阶段[3]，这四个阶段的发展是集群内部要素不断衍生和内部联系不断加强的过程。（3）集群的类型。Makusen把集群分为4种类型：1）马歇尔式的；2）轮轴式的；3）卫星平台式的；4）国家力量依赖型的[4]。这四种类型，前两者主要是依赖于地域内部联系的力量；后两者相反，一是依赖外部的跨国公司投资所形成的，二是依赖地域外部国家力量促成的。Lynn Mytelka和Fulvia Farinelli基于地域内部联系的紧密性和互动性特征把集群分为三类：1）非正式集群；2）有组织集群；3）创新型集群[5]。（4）全球价值链下的地方产业集群。近一两年来，国内经济地理学在研究“产业集群”这一全球性的区域发展模式时，把GVC作为研究产业集群的重要理论分析工具，认为嵌入全球价值链和嵌入的方式都非常重要。

本文以一内生的产业集群作案例，分析其地域内部和外部的联系特征，并以此为基础提出该产业集群的转型升级发展对策。

9.2 案例概况及其地域联系的路径和特征

(1) 案例概况

兴化市戴南镇位于江苏中部泰州市域，经济总量位居苏中第一。乡村工业起步早、基础相对较好，20世纪90年代以来不锈钢制品产业得到迅速发展，初步形成以不锈钢产品制造业为特色的地方产业集群经济体系，2004年区内不锈钢企业达910多家，另有约2000多家个体经营户，年产不锈钢制品40多万吨，完成销售收入55.46亿元，产品涉及日用、化工、建筑、机械等领域，品种多达40多个系列近10000多个品种。与快速发展的工业化相伴随的是城镇化速度不断提升，2004年城镇建成区面积600公顷，建成区总人口4.26万人，人口城镇化水平达43.8%[1]，开始由一座市域重点中心镇向乡村小都市的方向发展。

（2）地域联系特征

1）地域内部联系

产业集群的地域内部联系主要通过生产链、生产网络和社会网络以及集群的支持系统构成的。戴南不锈钢产业集群是在20世纪60年代由不锈钢拔丝和不锈钢标准件的生产起步的，随着产业的发展，不断延伸出不锈钢原料的采购—不锈钢冶炼—锻打—轧制—不锈钢成品制造—不锈钢制品销售服务等环节，初步形成生产链的地方一体化和地方化产业网络，图9-1为戴南不锈钢产业网络示意图[2]。

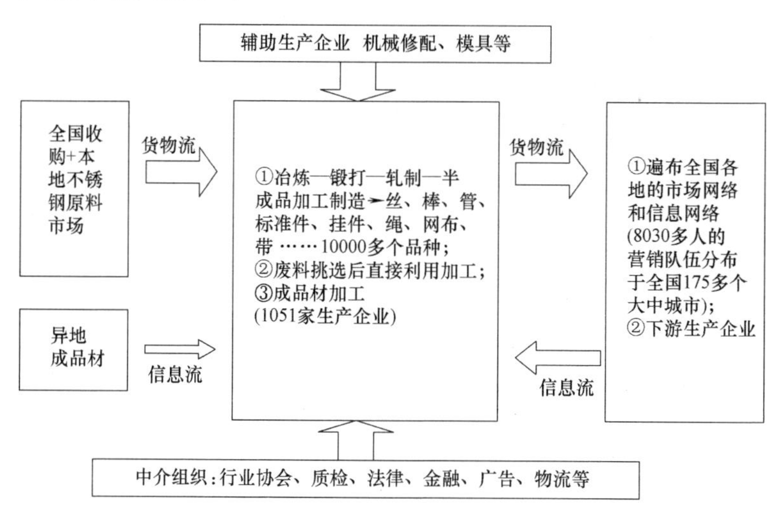

图9-1 戴南不锈钢产业网络示意图

---

[1] 2004年戴南镇统计资料手册（内部资料）。

[2] 戴南镇不锈钢行业协会统计资料（内部资料）。

戴南镇现有全国最大的专业化不锈钢原料交易市场，年吞吐量达到10万t，交易额为8亿元/年，经营者的地域分布大致为：60％来自本地；30％来自周边乡镇；10％来自省外❶。一些大的经营户在日本、韩国和俄罗斯建立了收购渠道。不锈钢原料市场构成了戴南不锈钢产业集群的重要支撑因子之一，尤其在降低成本方面发挥了重要作用。根据笔者的调查，认为与当地不锈钢原料市场具有联系的企业比例为80％。表9-1是笔者调查的企业类型和企业认为与不锈钢原料市场的关系表。

受调查的不锈钢企业类型及其与不锈钢原料市场的关系表

表9-1

企业类型	过滤器	钢丝绳	波纹管	化工机械	钢带	型钢	制管	铸件	钢板	焊丝	冶炼	钢丝	软轴	棒材
关系	N	Y/N	N	Y	Y	Y	Y	Y	Y	Y	Y	Y/N	N	Y

成品市场正在建设之中，戴南不锈钢产品交易城占地600亩，将建成华东最大、全国第二的专业化不锈钢产品交易市场，市场的升级预期将积极地带动产业的升级。产业集群已具有一定的机构密度，戴南不锈钢产业集群在产业的组织机构上已经形成法律、金融、质检、广告、物流等大量的中介机构。在物流方面，现有专业的物流配载点22家，拥有货运车辆140多辆（不包括企业自备车辆以及100多辆农用车）。总吨位2000多吨，日吞吐量超过1500t，年货运周转量超过50万t，货运配载从业人员超千人❷。

以上集群中重要网络和网络中重要节点的形成，构成了产业集群内部主体之间联系的纽带，带动了集群外部规模经济和范围经济的发展，促进了集群的低成本竞争优势。

2）地域外部联系

---

❶ 戴南镇不锈钢市场统计资料（内部资料）。

❷ 中国戴南不锈钢制品十一五规划材料，2005，10（内部资料）。

产业集群的地域外部联系主要通过跨界产业价值链、市场联系和技术网络等纽带而连接的。我国不锈钢产业集群的地域分布主要集中在苏、浙、粤三省，戴南和这些不锈钢产业集群之间具有紧密的联系，尤其与浙江宁波余姚的河姆渡镇（主产不锈钢钢带）和温州龙湾区（主产不锈钢钢管）以及广东佛山澜石（主产不锈钢装潢管）之间存在紧密的合作与分工。除地域联系的主体，企业之间的联系外，戴南镇镇政府和镇不锈钢协会在促进对外联系方面，起到了制度性的推动作用（组织企业到宁波和温州不锈钢产业集群区参观学习，建立协会之间的联系制度）。近年来，随着我国民营不锈钢产业的迅速发展，中国不锈钢协会加强了对民营不锈钢产业的关注和在信息与技术方面的指导，戴南作为我国民营不锈钢产业的重要基地之一，戴南不锈钢协会积极加入中国不锈钢协会并成为其会员单位，通过一年一度的中国不锈钢年会这个平台，戴南与上述三地和中国不锈钢协会的联系密切，中国不锈钢协会与戴南镇不锈钢行业协会合作在戴南镇设立了不锈钢检测中心，为中小企业提供产品质量服务，当地一些企业还主动与中国不锈钢协会合作设立研发机构。另外，国内的一些钢铁研究所研究人员对戴南不锈钢产业的发展做过多次调研指导，但整体上，地方与国内不锈钢科研机构以及相关的高等院校的联系还不太紧密，一些既有的联系仍停留于表面形式，绩效有待提高，图 9-2 表示了戴南不锈钢产业的外部联系基本概况。

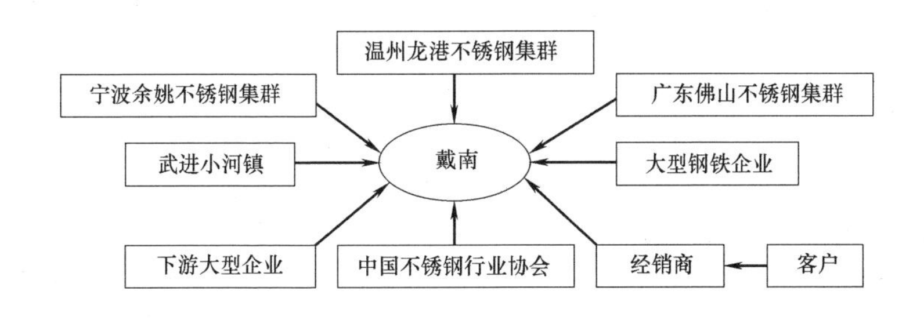

图 9-2　戴南不锈钢产业的外部联系示意图

9.3 现状特征的分析判断和升级路径

产业集群的发展具有阶段性，以地域联系特征为划分标准，产业集群的发展可以分为粗放松散型和集约紧密型、内向区际化联系型和嵌入全球产业价值链的外向国际化发展型以及非正式集群和组织化正式集群[5][6]。对于地方产业集群的升级，本文认为升级的路径是：(1) 由粗放松散型向集约紧密型，以致进而由低成本竞争向创新竞争演进，由低端价值链向高端价值链提升；(2) 由内向区际化联系型向嵌入全球价值链的外向国际化路向升级。这一点尤其对内生型产业集群具有针对性。内生型产业集群发端于国内市场，在企业规模、产品和集群区位上具有三“小”特征：小企业（小作坊）、小产品、小城镇，并由此相应具有三“低”特点：低成本、低技术含量和低附加值。我国一些内生型产业集群历史悠久，经历改革开放以来，充分利用自身的比较优势，主动选择，基本完成从小作坊到现代企业、从手工操作到机械自动化的发展过程。但也存在结构变化和产业升级缓慢、根植性过强、资本外流严重、引进外资滞后和自我封闭、技术和管理水平有限以及交易方式对人际关系极度依赖等问题[7][8][9][10]。

戴南正处于由粗放松散型向集约紧密型方向发展，判断的依据有：(1) 创新发展和粗放发展的共存特征。戴南不锈钢产业集群的创新比较活跃，2000～2002 年 3 年间，企业技术改造及科技创新资金达 8 亿多元，开发新产品 100 多个，其中 26 个产品获国家专利，5 个产品填补国内空白或替代进口，7 个项目列入国家火炬计划，1 个产品列入国家星火计划，6 个产品获得江苏名牌称号，3 个产品获省高新技术产品称号，6 家企业成为前铁道部、前化工部、国家民航总局定点生产企业[11]。与创新发展取得初步发展的同时，在整体面上粗放发展的特征还比较突出，表现为单位电量的产出较低，2003 年单位电量的产出仅为 3.2 元/kW，同期全国平均水平为 6.19 元/kW。(2) 空间上的粗放性。工业用地的单位产出低，空间布局上表现为以村级工业园区为基本空间分布的模式，分散性突出。(3) 企业之间的分工与协作程度还比较低。笔者在 2005 年 8 月和 9 月对集群所在的典型企业进行了两次集中调研，调研方式采用的是田野式面访。虽然主要生产的产品不同，但在可以分工合作的环节上，很多企业采取的是内部垂直一体化，如以企业是否自己冶炼加工生产不锈钢制品为判断专业化协作的一个参照标准，则接受调查的样本企业中专业化程度为 40%，见表 9-2，其中 N 表示企业自身不冶炼，与其他企业分工协作，Y 表示相反。所以破解企业之间协作的障碍，是提升集群发展的重要命题。

戴南不锈钢产业集群内企业之间分工协作概况　　表 9-2

企业类型	过滤器	钢丝绳	波纹管	化工机械	钢带	型钢	制管	铸件	钢板	焊丝	冶炼	钢丝	软轴	棒材
数量	1	2	1	1	2	1	1	1	1	1	1	5	1	1
特点	N	N	N	Y	Y	Y	N	Y	Y	Y	Y	3N	N	Y

戴南也正处于由内向区际化联系型向嵌入全球产业价值链的外向国际化发展型方向发展，这样的判断是基于以下方面：(1) 内向化的交易网络。内部联系的纽带是基于共同的地缘、亲缘、学缘的地方联系，以“地方人网络”构成地方经济网络系统，在具有降低交易费用的同时，也具有内部封闭和制度滞后的特征[12]；(2) 内向化的贸易，主要占领的是国内中低端市场。戴南不锈钢产业集群是内生型产业集群，与国内许多内生型产业集群一样，其市场的扩张是由国内市场起步的，而且加以“小企业、小产品、小城镇”的制度和区位路径，绝大部分在初期发展时占领的是国内中低端市场，戴南也正是如此；(3) 已经开始嵌入全球产业价值链。一是区内自营进出口企业数量和出口产值逐年增多，截至 2004 年年底，已有自营进出口权的企业增加到 12 家，出口产值达到 6400 万美元❶；二是与集群外的领先企业（跨

---

❶ 戴南镇政府，中国戴南不锈钢制品十一五规划材料，2005，10（内部资料）。

国公司）的联系取得初步发展，如江苏新宏大化工机械有限公司于2002年、2003年和2004年分别与英国、瑞典和德国的相关公司进行合资和合作，以及相关的台资企业的进入。泰州华泽金属工业有限公司是与中国台湾公司合资的企业，该企业引进国外先进生产设备和借鉴中国台湾企业的管理经验，研制出品质上乘、适销对路的不锈钢弹簧线、金网钢线和一般钢线产品，产品90%出口海外。一些企业的产品已经进入跨国采购商的营销网络。

从发展阶段上来看，戴南也还处于由非正式集群向组织化正式集群方向转变，判断的理由有以下几点：（1）企业之间的非正式联系比较活跃，根据调研的20家企业情况，企业主认为经常在非正式场合与企业主之间、供应商之间和下游企业之间的交流达到100%；（2）相应的组织机构建立的时间不长和健全的程度较低。如行业协会建立于2001年，质量检测中心建立于2002，中小企业贷款担保机构、会计事务所、法律事务所和典当机构建立于2005年。行业协会的自主性、自律性和代表的广泛性都还处于起步阶段；（3）组织性活动尚未正常性展开。已经有组织企业参加国内展览会、政府邀请专家学者到所在地为企业和政府管理人员讲课等举措行为，但经常性和制度化的开展地方产品展览活动和各种论坛活动尚未建立，尚未拥有或建立与特色产业技术专业学校的联系体系，尚未建立交互式的相关公共网站，也尚未形成与特色产业相关的专业化的市场营销企业和工业设计企业等。这些为集群内部“合作型博弈”的展开所需要的支持环境尚待建设。（4）对外营销网络在市场自发的推动下取得面上的扩展，但营销网络的组织化程度较低，现代营销方式和营销网络还未形成，绝大部分的经销商处于“夫妻店”的发展水平，规模小、市场的组织能力和信息收集供给能力低。

9.4 对策建议

（1）建立和健全集群支持系统，推动集群转型

以上3种转型，即由粗放松散型向集约紧密型、由内向区际

化联系型向嵌入全球产业价值链的外向国际化发展型以及由非正式集群向组织化正式集群转型，从支持和支撑系统的角度分析，有以下几个方面：1）在生产系统方面，一是需要加强职业教育和技术工人培训的公共服务供给。产业升级的主体是企业，集群的重要战略资源是企业家资源，因此重视培育现代企业家的成长环境和现代企业家队伍显得尤为重要。二是主动加强集群的产品质量管理是产业集群升级的重要环节，通过对我国典型产业集群的研究，尤其内生型集群的研究表明：每一次针对集群内伪劣产品的打击活动过后，集群就会形成一次升级。当前的切入点可以放在推动微观“企业品牌”建设，进而为整体“区域品牌”建设奠定基础。2）在技术创新系统方面，我国产业集群的发展尤为不足，这是与特定的市场环境和产业发展阶段相联系的。在满足于国内低端市场和建立于低价竞争优势时期，地方产业集群的创新需求是微不足道的，随着高成本时代的来临和产业集群的转型，产业集群的创新系统建设显得越来越迫切。如何创立地方产业集群的创新系统？广东和浙江的实践已经作了一定的探索，在广东，以专业镇的创新中心为核心。在浙江有三种基本的模式：以永康为代表的，以生产力促进中心为核心，企业和政府共同构建，产权明晰，市场化运作；以绍兴为代表的，是以专业市场为核心，政府支持为主，分享共性技术成果；以温州柳市为代表的，是政府着重支持重点企业实现技术创新，重点企业在研发上发挥优势，中小企业在制造环节发挥比较优势，形成重点大企业和中小企业之间的良性互动；3）对外联系系统的升级。我国地方产业集群在区位上很多是城镇类型的，这样的区位往往在升级中存在种种困难，所以地方发展需要巧用外力。一是可以通过与相邻城镇实现“竞合共生”策略，从而取得更高层位上的竞争优势；二是增强自身对外联系通道的建设，尤其需要加强虚拟的和无形的对外联系通道建设，整合内外资源。中国台湾新竹 IT 产业崛起的原因一部分可以归于中国台湾和美国的高技术生产商的联系，也即“全球知识通道”，这其中台籍在美国受教育的工程师团体扮演了重要角色。跨地区的企业家在硅谷和新竹之间架起联系的桥梁，更广泛的技能型“华裔”移民中的佼佼者促进了两地技术团队的结合与交流。跨地区团体的发展改变了硅谷和新竹之间的经济关系。在20世纪70年代和80年代，美国的技术和资本因跨国公司寻求廉价劳动力的动机而向中国台湾转移，这种单通道的流动在20世纪90年代让位给双通道流动，今天，新竹不再是低成本所在地，其灵活性和水平不断提高的厂商，使它持续赢得全球技术市场不断增加的份额[13]。

（2）增进现代社会资本，促进集群内外的协作和互动

在产业集群中，社会资本是指集群中的企业同其他企业、政府部门、大学、科研机构、社会服务机构等部门相互之间的关系，具体表现为集群内部的规范、信任与合作、知识的流动机制，以及自增强的社会网络。社会资本的主要作用是促进组织之间的合作，改善相互信任的关系[14]。

新区域主义学派对集群的研究非常重视，区域中诸如集体学习、地理临近性、社会文化产生的信任和非贸易的相互依赖，关注区域内行为主体的正式和基于血缘、地缘、业缘的非正式联系，进一步重视区域内社会文化和制度动态性产生的创新氛围[15]。一方面要使本地集群内部互动的机制最优化，另一方面，通过建立全球联系，使集群在国际环境下生存和发展的能力最大化[17]。一方面，要重视继续发挥内部产业网络和人脉网络的建设，发挥其降低成本和促进创新的功能，另一方面，要改变一味建立于地缘、业缘、亲缘和学缘基础之上的人格化交易环境其明显的排外性和封闭性的弊端[12]，产业集群有可能因为过于封闭和僵化而无法接受区域之外的创新扩散，导致技术路径被“锁定”。一方面，要重视嵌入全球价值链给地方产业集群的发展所带来的机遇，另一方面，全球价值链并非地方产业集群发展的自动扶梯。虽然外部联系能支持区域增长过程，但是当外部渠道太强的时候，也可能威胁集群的长期存在，甚至会使得地方产业集群有演变为“空洞集群”的危险[17][18]。所以产业集群在增进区域内外联系的过程中需要实现社会资本的升级，由传统的社会资本向现代社会资本增进，尤其要重视由原先的“三缘”（地缘、业缘和血缘）网络向现代“合作网络”的转换，如产学研的合作等。

（3）积极主动嵌入全球产业价值链，谋求突破性的创新发展

产业集群的发展，既是全球化发展的结果，又要面对全球化的挑战，地方产业集群已逐渐纳入全球产业价值链，它的竞争力提升，不仅需要挖掘集群的内部联系，更需要在全球价值链中与区域外的经济行为主体积极互动，不断调整自身嵌入全球产业价值链的方式，创造、保持和捕捉价值[19]。地方政府在产业集群嵌入全球价值链并在其中不断升级过程中，可以在哪些作用方面发挥积极作用？本文突出以下3点：1）积极主动地推广和逐步执行国际化的通用标准和专业化行业标准、以及区域性市场标准，推动集群的市场转向，逐步由国内中低端市场向中高端市场和国外高端市场提升。2）增进要素集约供给，避免低端路径依赖，提高全体社区成员的福利。3）提高人力资源开发的投资力度。主要是两大块，一是技术工人的培训；二是现代企业家队伍的建设。

参考文献

[1] 王缉慈. 创新的空间：企业集群与区域发展［M］. 北京：北京大学出版社，2001

[2] 秦夏明. 产业集群形态演化阶段探讨［J］. 中国软科学，2004（12）

[3] Makusen A. Regional Networks and the Resuegence of Silicon Valley. California，Boston：Allen and Unwin，1990

[4] Lynn Mytelka and Fulvia Farinelli. Local clusters，Innovation Systems and Sustained Competitiveness. Prepared for The meeting on Local Productive Clusters and Innovation Systems in Brazil，2000

[5] 赵伟. 中国区域经济开放［M］. 北京：经济科学出版社，2005

[6] Lynn Mytelka and Fulvia Farinelli. Local clusters，Innovation Systems and Sustained Competitiveness. Prepared for The meeting on Local Pro-

ductive Clusters and Innovation Systems in Brazil，2000
[7] 刘志彪. 苏州与温州：国际化的模式与展望 [A]. 国际化与民营企业发展国际学术研讨会论文集 [C]，2005，10
[8] 李新春. 集群化“中国制造”的制度特征与竞争力. 学术研究 [J]，2004 (7)
[9] 盛世豪. 经济全球化背景下传统产业集群核心竞争力分析. 中国软科学 [J]，2004 (9)
[10] 史晋川. 温州模式的历史制度分析. 浙江社会科学 [J]，2004 (2)
[11] 缪龙根. 积极主动进位、开拓创新工作——缪龙根同志在戴南镇不锈钢行业协会第二届会员大会上的工作报告. 2004，11 (内部资料)
[12] 史晋川. 制度变迁与经济发展：浙江模式研究 [J]. 浙江社会科学，2005 (5)
[13] 戴南镇政府. 中国戴南不锈钢制品十一五规划材料. 2005，10 (内部资料)
[14] 安娜李·萨克森尼安. 硅谷和新竹的联系：技术团体和产业升级 [J]. 经济社会体制比较，1999 (5)
[15] 聂鸣. 班加罗尔软件产业集群的社会资本 [J]. 研究与发展管理，2004 (2)
[16] Stroper M. The resurgence of regional economies，the years later：the region as a nexus of untraded interdependencies [J]. European Urban and Regional studies，1995，15 (2)：191—221
[17] 王缉慈. 关于地方产业集群研究的几点建议 [J]. 经济经纬，2004 (2)
[18] 王缉慈. 关于发展创新型产业集群的政策建议 [J]. 经济地理，2001 (5)
[19] 文婷. 上海浦东新区信息产业集群的升级研究 [J]. 经济问题探索，2005 (1)

下篇：区域篇

10 “幸福愿景”引领华西持续创新发展

摘要：华西村的成功发展经验之一就是重视战略性规划愿景的引领。本文分析了华西发展愿景的演进和特征，华西发展愿景具有凝聚性、激励性和约束性，具有多个层次，具有系统性，与时俱进的发展性和鲜明的地域特色。战略愿景的实施需要坚实的实践创新，华西村的战略愿景推动了组织创新和制度创新。

关键词：战略规划；组织愿景；华西村；发展创新

10.1 引言

华西村位于江苏省江阴市，是全国社会主义新农村建设的一个杰出的持续发展的典型。中央四代领导人毛泽东、邓小平、江泽民、胡锦涛，分别称华西是希望之地、共富之地、幸福之地、不简单之地。华西村先后荣获全国先进基层党组织、全国模范村民委员会、全国文明村镇、中国十佳小康村、全国思想政治工作先进单位、中共中央党校三农问题研究中心实践基地、江苏省先进基层党组织、江苏省文明村、江苏省模范村民委员会、无锡市先进基层党组织、无锡市示范村、无锡市环境保护工作先进单位、江阴市先进基层党组织、江阴市文明村、江苏省生态村、江苏省卫生村、国家千家绿化造林先进村等荣誉称号，并誉为“天下第一村”。

华西村党组织自 1957 年成立以来，在以新老书记为核心的村党组织的带领下，始终坚持富民优先，坚持解放思想、实事求是、开拓创新，创造了中国农村发展的奇迹，从名不见经传的江南小村，发展成为享誉海内外的“天下第一村”。50 年来，华西村在村党组织的带领下，持续创新发展，目前已形成了农业、工业、商业、建筑业、旅游业协调发展的格局。2006 年，华西村销售收入超过 400 亿元，成功地走出了一条经济繁荣、农民富裕、社会和谐、特色鲜明的社会主义新农村建设的成功之路。

华西村 50 年来取得的辉煌成绩，离不开宏观的发展环境，离不开华西村村民的艰苦努力，更离不开华西村党组织坚强有力的领导。华西村 50 年来的成功经验可以概括为三点：因地制宜，根据实际情况发展自己；政治、经济、文化、社会、党建“五个建设”同时抓，走和谐发展之路；坚持共同富裕，带领全体村民一起奔小康。

华西村党建成功的经验是什么？归根到底是实事求是，从实际出发，在不同历史时期都能提炼出结合全国性纲领与地方发展实际的发展理念、追求目标。在实事求是、从实际出发方面，华西也曾经历过种种困境，吴仁宝老书记总结认为，我们“50 年代听，60 年代顶，70 年代拼，80 年代才醒”。华西的成功经验是，一定要两头保持一致，一头要同中央各级组织保持一致，一头要同下边老百姓保持一致，你发展也好，为人民服务也好，一定不要脱离上面的方针，也不要脱离群众的意愿，这样一步一个脚印，从实际出发，走自己的路。“一个组织只听上边的，只学外边的，自己不去思考，没有思想上进，这个单位是搞不好的”。

本案例突出“组织愿景”的分析，从多个层次、多个视角解析华西党建中“组织愿景”建设和实施的成功经验。

10.2 华西村“组织愿景”的历史起步

贫穷不需要规划、不需要蓝图，脱贫致富，建设社会主义新农村则需要实事求是，制订一个周密的规划。规划是建设蓝图，是奋斗目标，是实施方案，更是组织集体的“发展愿景”。1964 年冬天，华西党组织在吴仁宝老书记的带领下，经过反复的争论和讨论，华西大队学大寨十五年发展远景规划“愿景”终于浮出水面。这样难能可贵的“组织愿景”，在第一次实施中就有机地开展了“公众参与”，也正因为是真正的“集体愿景”，才在后来的“凄风冷雨”中坚持并圆满完成。规划经过党组织讨论后，公布于众，吸取了广大群众的意见，如对灌溉渠道走向的修改、养猪场规模的调整。在集思广益中，使得党组织的规划愿景成为更多群众自觉追求的“集体愿景”。

在经历了民主与集中、上下互动之后，为了把“奋斗目标”形象化，“组织愿景”亲民化，吴仁宝老书记以通俗的乡村俚语表达了“规划蓝图”，并概括为高低目标与追求兼容的“五个一”工程：（1）干部群众有一个爱国家、爱集体的社会主义思想；（2）开挖一个灌排两用的华西河；（3）治土改水，建设一片高产稳产的农田；（4）每亩年产 1t 粮；（5）建设一个社会主义新农村。

在华西的第一次“组织愿景”的规划、动员与实施中，我们可以注意到，仅从规划本身而言，她既包含了物质文明建设的内容，也包含了精神文明建设；既包括了最高纲领，也涵盖了近期目标；既有对未来的憧憬，也有对脚下现实的关注；既有全国性的目标，也有微观的集体组织目标。

从 1964～1972 年，华西在“艰难困苦”的岁月里，以吴仁宝老书记为核心的党组织带领群众艰苦奋斗、团结拼搏，圆满地完成了“组织蓝图”，赢得了人变、地变、村容变和人们的精神面貌变的喜人变化。15 年规划提前 7 年基本实现，粮食亩产 1970 年突破了规划目标，达到 1600 斤，1972 年突破了 1t 粮，1974 年达到 2329 斤。单产、总产、积累、分配、贡献，都比规划前的 1963 年翻了一番以上。每位劳动力收入平均每月 43 元，相当于当时的国家 24 级干部工资。华西村不仅发展了农业种植业，而且超常态地、创造性地发展了工业、副业，农林牧副渔业的多种经营，村域经济全面发展。村庄的面貌也发生了翻天覆地的变化，一座五层教育大楼拔地而起，华西新村，屋型整齐大方，环村小河，浅吟低唱，悠悠流淌。第一次规划愿景的实现，激发了人们对幸福生活的赞美与更美好生活的憧憬。以民谣为证："田成方，柳成行，亩产超吨粮。林牧副渔齐飞跃，鸡鸭鹅蛋汽车装。耕田用机器，电灯亮堂堂，家家有余粮，人人住新房，学习进楼房。新人新事新风尚，社会主义道路宽又广，共产主义思想大发扬。"

10.3 华西村"组织愿景"的特征探析

华西村党建成功的关键在于能在不同历史时期提出华西发展的美好"愿景"，并用发展愿景凝聚人、鼓舞人、激励人和约束人。总结不同时期华西的"组织愿景"，可以注意到其具有多个层次，有系统性、发展性和地域特色性等特征。

从最高层面上来说，华西提出"人民幸福就是社会主义"。华西在不同的历史时期，坚定社会主义信念，以人民福祉作为共产党人奋斗的根本宗旨，走出了一条"人民幸福"的社会主义特色理论的华西道路。提出要从政治、经济和文化资本的角度增进农民幸福。为民造福，幸福农民。可以认为，华西经验的最重要一条就是把马克思主义的理想地方化、具体化、亲民化。在华西之所以能够形成强劲的凝聚力、持续的创新力，关键的关键是能够在党组织中、在人民的心中树立起理想的旗帜，形成强烈的使命感和集体归属感。

从切实的目标层面，华西村党组织在不同的历史时期都能提出具体的奋斗目标，并通过各种形式使组织目标深入人心。1985年8月19日，华西村100多名党员在南京雨花台烈士纪念碑前集体宣誓，提出要有难官当，有福民享，通过3年的奋斗，华西村成为亿元村。2003年8月5日，在烈日炎炎，气温高达40℃的天安门广场，新一任华西村党组织在人民英雄纪念碑前宣誓就职，提出继续秉承"有难官当，有福民享"的传统，目标指向"百亿元村"。2003年，华西村销售额突破了100亿元；2004年，华西村销售额 260 多亿元；2005 年，华西村销售额突破 300 亿元；2006 年，华西村销售额超过 400 亿元，目标均超额达到。

华西的“幸福愿景”是全面的。在对“人民幸福就是社会主义，全人类幸福就是共产主义”这一华西式的理论探讨中，华西村老书记吴仁宝进一步指出幸福的 3 条土标准：生活富裕，精神愉快，身体健康。什么是精神愉快？又有 4 条标准，即家庭和睦，邻里相亲，干群团结，上下齐心。什么是身体健康？也有 4 条标准：病有医疗保障，年老集体保养，孩子精心培养，文化活动形式多样。这些琅琅上口的“标准”，勾勒出一幅幅“幸福华西”的现实场景图和美好愿景图。

“幸福华西”的组织愿景“高低结合”、“土洋结合”、“经济、社会、生态和精神文明四大文明建设相结合”。在建设规划的愿景方面，华西把“幸福愿景”表述为：山南变“钱庄”，山北变“粮仓”，当中是“天堂”。提出要“天变蓝、水变清、路变宽、田变平、桥变多、房变高、村变新、人变灵、心变齐、民变富”。华西提出的“全面小康”愿景是：“基本生活包，老残有依靠，优教不忘小，三守促勤劳，生活环境好，小康步步高”。

新时期，华西村提出新的“幸福愿景”，可以概括为新三化（农业现代化、工业国际化、环境生态化）、三园（生态园、幸福园、健康园），五个五[1]（五容、五子、五业、五统、五湖四海）和五句话（民就业、假休息、老有包、小有教、病有医）。

华西村的“组织愿景”建设经验还在于以艺术的形式宣传“组织愿景”和“集体愿景”，以致形成共同信念和行动。《华西村歌》写道：“华西的天，是共产党的天；华西的地，是社会主义的地。华西人民艰苦奋斗、团结奋进，锦绣三化

---

[1] 五个五：五容，指山容、河容、田容、厂容和村容；五子，指票子、房子、车子、孩子和面子；五业，指农业、工业 、商业、建筑业和旅游业；一分五统，指村企分开，经济统一管理、劳动力在同等条件下统一安排，福利统一发放，村建统一规划，干部统一使用；五湖四海，指华西的发展得到了国内外各界支持、走向了全球。

三园[1]，社会主义的新华西。华西的天，是共产党的天；华西的地，是社会主义的地。实践检验华西，社会主义定能富华西。”

10.4 从“幸福愿景”到“幸福机制”

美好的组织愿景的实现需要坚实创新的组织机制作保证。

华西因地制宜而又伟大崇高的“组织愿景”催生了“组织创新”和“制度创新”，幸福华西以三制（体制、机制和班子）做“幸福愿景”实现的保障。在领导班子的建设上，华西村提出要“有福民享、有难官当”；要“能官能民、能上能下、能进能出、能正能副”。在华西，党员干部做到“五个表率”和“三个三”的标准。五个表率就是要做坚定共产主义信念、无私奉献的表率；就是要做心系群众、全心全意为人民服务的表率；就是要做实事求是、开拓创新，实绩突出的表率。就是要做作风民主、团结协调、一呼百应的表率；就是要做艰苦奋斗、戒骄戒躁的表率。干部人才队伍建设要“赛马选才”，由人民选择，接受人民监督，具体要做到“三个三”，就是要做到践行“三个代表”，就是要在物质文明、政治文明和精神文明三大文明方面协调发展，就是要具备年轻化、知识化和专业化的“三化”和管理实践的“真才”、“口才”以及“文才”的“三才”。华西的党员干部在3年困难时期，提出并且做到了“群众吃六两，干部吃半斤”。组织的核心带头人吴仁宝老书记对自己有着严格的要求，要求自己“管好自己、管好全家、建好班子、带好队伍”。从20世纪80年代起，吴仁宝给自己制订了“三不规矩”：不拿最高工资、不拿最高奖金、不住最好房子。

党风廉政建设需要制度保证。华西村党委制定了党员干部“四个过硬”、“三个一”、干部财务审计、干部家庭财产公开、村务公开、厂务公开、财务公开、不搞“一家两制”等一系列的硬

[1] “三化”：指绿化、美化、净化；“三园”：指林园、公园、乐园。

制度。在“四个硬”方面，一是思想过硬，坚持原则不动摇，坚持信念不动摇；二是工作过硬，保持和发扬“艰苦奋斗、团结奋斗、服从分配、实绩到位”的华西精神；三是作风过硬，就是建设华西有理想，秉公办事党性强，遇事与群众多商量，困难面前带头上，以身作则做榜样；四是廉洁过硬，坚持“六个不准”。即不准假公济私，中饱私囊；不准以任何借口到企业和群众家中吃喝；不准在住房上超过能人的标准；不准在收入上超过做出贡献的能人的标准；不准搞小圈子，闹无原则纠纷；不准占用工作时间开会学习。总结华西多年党的建设实践与经验，华西村长期坚持了以“赛马选才”、廉洁专才的基础上，制定了群众容易把握、一记就牢、便于民主监督的华西干部土标准：“三正三平”。“三正”是办事认真，处事公正，经营廉政。干部要认认真真为党为人民办事，对集体、个人、群众、亲友都要一视同仁，公公正正。经营廉政，就是在市场经济条件下，搞经营要守法、守约、守信、守廉。“三平”是政策水平，管理水平，技术水平。“三正”是德，“三平”是才，德才兼备的干部队伍建设是“幸福华西”的组织保障。

10.5 党的十七大与“幸福华西”新愿景

党的十七大胜利闭幕后，华西村党委召开了“学习十七大精神，共谋华西村新一轮发展大计”的研讨会。十七大代表吴仁宝老书记指出：一定要始终做到贯彻中央精神“不走样”，听取群众意见“不走偏”，真正把十七大精神变成华西进一步科学发展的强大动力；华西要根据十七大报告最新精神，向着环境更美、村庄更新、村民更富的社会主义现代化新农村目标，更上一层楼。从今后五年发展目标上来看，幸福华西的发展主要是落实好5件实事：一是要把6000多人规模的华西学校办好，争取早日建成“职业学院”；二是要把体检中心建成一个规模较大的医院；三是要建好一座高328m的“空中新农村”大楼；四是要建一个总面积有 100 万 m^2 的商贸城；五是要通过“调整”与“提升”，搞好“节能减排”，实现华西企业的又好又快发展。

据了解，华西村党委在全村村民、职工中深入贯彻落实十七大精神，全村在解放思想中统一思想、形成共识，力争把面积超过 35km^2 的大华西村，建成一个更加和谐稳定、人民富裕的社会主义现代化新农村！

10.6 小结

关于党组织的建设，华西有一些通俗而经典的话：不怕有一个穷摊子，就怕没有一个好班子；给钱给物，不如建一个好支部；农民富，靠支部。华西村的物质文明、政治文明、精神文明、生态文明、和谐社会建设，为什么能齐头并进？发展又好又快，面貌日新月异？从农业的老样板，到农村工业化、城镇化的新先锋，各项工作一直走在全国的前头、时代的前头？关键的关键在于党组织的建设。华西党建的成功经验有哪些？答案是多方面的，有领军人物的核心带头作用方面、有建设先进文化方面、有艰苦奋斗严明纪律方面、有培养人才重视队伍建设方面、有不断学习建设学习型组织等等方面。本文认为，“组织愿景”是华西持续成功的一个重要方面，华西的“幸福愿景”是华西村坚定走社会主义道路的生动实践，也是华西村 50 年持续创新发展的“法宝”之一。

远大的理想、高尚的情操、进步的政治精神、饱满的工作热情、无私的奉献等等，是人们社会活动的强大动力。组织愿景如同党的纲领，华西村党支部 50 年来，在吴仁宝和吴协恩新老书记带领下，在不同历史时期所提出的“发展愿景”，构成了不同历史时期华西村发展的理论纲领、目标、信念以及组织使命。

基层党组织作为一个生命有机体，她不仅需要生存的信念、追求，也需要有自己的使命和理想。现代组织管理理论直到 20 世纪 60～70 年代才关注到“组织愿景”问题，从这个角度，华西的实践走在了理论的前面。

参考文献

［1］ 江锡民等. 华西村喜庆党组织成立五十周年［D］. 扬子晚报，2007年11月18日

［2］ 吴协恩. 风雨历程五十年. 科学发展五个五［R］，2007

［3］ 冯治. 吴仁宝新传［M］. 北京：人民出版社，2006

（本文是在调研和梳理华西村发展历程的基础上写作的，对区域发展战略的制定实施具有启发。文章发表于2008年第2期《沿海新论》。）

11　合作中创新——江阴之路的新探索

摘要：区域创新发展的活跃体现为多层次体系化的“合作创新”，江阴的探索是形成了微观企业层面的产学研合作创新、中观产业层面的市校全面合作创新以及城市之间的合作创新，三者融合互动，形成富有地域特色的区域创新体系。进一步推进江阴的合作创新，需要加强内部创新要素之间的合作与交流，培育区域创新文化；需要增强多层次合作联盟的平台和体制机制建设，建议推动产学研合作、市校全面合作和城市合作联盟之间的三螺旋结构。

关键词：合作创新；产学研；市校合作；城市联盟

改革开放以来，江阴一直是国内县域发展的先进典型之一，乡镇企业的崛起和“江阴板块”的形成诠释了江阴不断发展创新的显著特色。新的发展时期，江阴在探索区域创新的路径和模式过程中，正逐步形成多层次体系化的以“合作创新”为重点的区域发展之路。认真挖掘和总结提升这一区域发展新动向，不仅对江阴有着深远的战略意义，而且对于区域发展模式的相互借鉴也有重要的意义。

11.1　多层互动、立体发展的“合作创新”

江阴正在逐步形成多层互动、立体发展的“合作创新”模式。这种创新模式主要是以企业发展为核心的产学研合作创新、以产业发展为核心的市校全面合作创新以及以区域发展为核心的城市合作创新为主要内容，三者融合互动，形成富有地域特色的区域创新体系。

江阴市产学研合作创新起步于20世纪70年代末，其雏形是“星期日工程师”，以技术服务、技术转让、技术咨询和技术委托为主要形式。20世纪90年代初期，产学研合作以招标为主要手段，多数为“短平快”的技术项目。20世纪90年代中后期，强强联合的产学研合作在江阴起步，逐步形成了多形式、多方位、多层次和多元化的格局。进入21世纪以来，出现了以资产为纽带的产学研战略联盟。2006年10月，江阴市委、市政府因势利导在国内率先成立区域产学研战略联盟，该战略联盟的核心成员由国内30多所高校、科研院所和江阴市58家重点骨干企业及高新技术创业园组成，加快推进了技术创新集群与区域产业集群的对接和交流，促进了区域开放式创新的发展和产业的转型升级。正是因为产学研力量的紧密合作，江阴自2002年以来发明专利申请数平均年增长率达85%。最新的调查数据表明，江阴的产学研合作已经形成从地方到全球的立体网络空间格局，其中立足江阴和无锡的地方性产学研合作占比为10%，长三角的合作占比为51%，全国性的合作占比为30%，国际性的合作得到一定的发展，占比为9%。

目前，江阴已与浙江大学建立起全面的市校合作关系。市校合作与产学研合作有一定的交集的同时，也存在一定的区别。江阴与浙江大学市校全面合作的内容包括了文化交流、地方企业与高校的产学研合作、人才培训的合作以及农业产业化、区域经济和社会发展软科学课题等等。江阴把建立健全科学的运作机制作为深化市校合作的重要保障。一是建立组织领导工作推进机制，建立工作领导小组，设立合作办公室，负责协调管理；二是建立沟通协调机制，定期开展交流活动，研究合作事项；三是建立评价决策机制。四是建立政策服务机制，研究制定市校合作的专项政策，不断为市校合作创造高效的政策服务环境。江阴与浙江大学的合作为新一轮创新发展构筑了重要平台，江阴通过广泛开展走进浙大、学习浙大、对接浙大等活动，进行一系列的学习交流、人才交流、技术交流和文化交流，努力使浙江大学成为江阴的知识源、创新源和地方发展的“智库”。

江阴的城市合作发展起步早，江阴—靖江的城市合作是国内城市合作的典型成功案例之一。近年来，为了促进“知识区”与“产业区”的互动，江阴非常重视与高校科研院所密集的上海杨浦区进行多层次宽领域的战略合作，特别是近年来两地在科教领域合作、人才产业互动、信息窗口交流等各方面都有了实质性进展。今后，江阴和杨浦将充分发挥各自优势，资源互补，进一步深化产学研合作，深化各项对接和合作活动，加快两地人才交流与互动。江阴鼓励企业到杨浦设立研发机构、产销中心，学习先进发展理念，交流项目信息。杨浦与江阴在服务业、农业旅游经济等各个方面进行全方位合作。

11.2 形成富有地域特色的创新体系

区域经济发展是一个复杂的社会、经济、技术过程，创新能力正逐渐成为区域经济发展的决定性因素和区域竞争力的核心。公司个体创新扮演了一个极其重要的角色，但是培育和传播经济方面的技术革新牵涉到一系列的公司、组织和机构之间的复杂的交互的网络。区域创新体系的形成，可以更有效地整合经济、社会、政治资源，从而提高创新能力，促进区域经济的发展。

江阴正在形成的以企业为中心的产学研合作创新、以市校合作与城市合作为支撑的产业与区域发展创新模式具有鲜明的地域特色，直接推动了区域创新体系的形成与发展。经典的区域创新体系理论（库克，1996）认为，区域创新体系主要是由在地理上相互分工与关联的生产企业、研究机构和高等教育机构等构成的区域性组织系统，该系统支持并产生创新。与这一经典理论模式相矛盾的是，江阴目前缺乏高等院校和科研院所，但是产业发展力量强劲，有着发达的市场触角和要素资源的整合能力。伴随长三角一体化的演进发展，各个层次的区域创新要素之间的融合、联盟成为可能。

三个层面的合作可以看作超越个体力量的聚合与凝聚。实证研究证实，为了获得互补的知识和技能，企业日益依赖跟不同的相关企业的互动。企业之间的合作是分享和交换知识的最重要渠道。高度合作的公司比很少合作的公司更具有创新力。

在众多的产学研合作单位中，有选择地发展战略性伙伴关系，有利于突出重点，促进战略核心之间的紧密对接，从而有利于产学研合作绩效的进一步提升。

城市个体在整合对接外部资源过程中也存在“规模门槛”问题，而城市之间的合作，不仅有利于城市之间内部人才、科技和资本等创新资源的激活，而且在共同整合对接外部第三方资源过程实现“规模报酬递增”效应。所以，随着进一步的发展探索，江阴正在形成的以企业为中心的产学研合作创新、以市校合作与城市合作为支撑的区域发展创新模式一定会迸发出更多更强更高的活力。图 11-1 是江阴的“合作创新”区域创新体系概念模型。

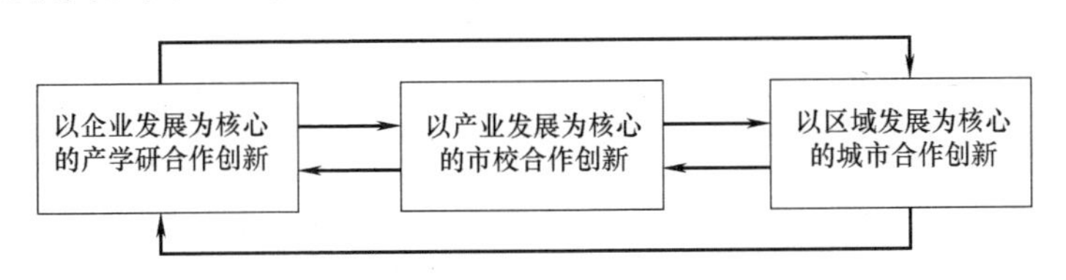

图 11-1　江阴的“合作创新”区域创新体系概念模型

11.3　进一步推进江阴“合作创新”的对策建议

江阴的“合作创新”区域创新体系模式已经初步显现，但尚处于初步发展阶段，需要进一步推进“合作创新”的体制机制建设，提升“合作创新”的水平和绩效。

第一，需要进一步加强内部创新要素之间的合作与交流，培育区域创新文化，增强区域创新氛围。

区域发展通过产学研合作、市校合作以及城市间的合作来构建创新网络，并不意味着登上了创新发展的自动扶梯。区域内部仍然是创新的“内核”和“本垒”，只有实现外引内联才会获取事半功倍的绩效。

建议通过产业发展战略、政策引导以及政府各部门在工作职能上的协调一致，把社会各类创新资源和创新活动整合起来，加强整个区域创新系统内的互动联系。

最近，一项对中高层管理人员的访谈和问卷调研发现，尽管大多数管理者都很有境界、很有思想、很有战略，但创新绩效不佳。分析其原因在于管理者缺少将创新观念有效传播及实施创新战略的战术。这项调研启发了我们：仅仅是战略高层重视创新往往是不够的，需要中层和基层的多方行动和联动。

建议加强企业家群体、企业研发管理和技术创新人员群体以及行业群体之间的对话、交流。广泛开展同类群体的专题交流和不同群体的综合体交流，减少企业和科研人员在创新发展中的“孤岛”现象，激发创新动力，活跃创新氛围。

第二，切实加强多层次立体化的合作联盟建设，进一步加快形成以产学研合作为核心，以市校全面合作与城市合作联盟为支撑的区域创新体系。

创新越来越复杂，成本和风险也越来越大，这些都增强了合作和联网在创新过程中的作用。新区域主义强调政策的关键在于增强“合作网络”和集体学习。实证研究表明，企业内部关系、企业间关系、企业与地方的关系以及地方与地方的关系是开放性创新体系中四种高度相互连接的重要关系。建议推动产学研合作、市校全面合作和城市合作联盟之间形成三螺旋结构，通过三者之间互动实现区域创新网络的扩展和提升，凝聚内外部创新发展的力量。

可以通过市校全面合作进一步推进产学研合作的发展。目前江阴与浙江大学已经建立全面合作关系，浙江大学是国内综合性大学中实力最强的高校之一，在科技、管理和民营经济等众多领域有着较强的实力。建议以紧密型的市校合作为支点，深入拓展江阴与高校科研院所连接的全球合作网络建设。市校合作中，可以建立基金管理制度和特殊津贴制度，鼓励高校教师到江阴研究和江阴的科技以及管理人员到高校去从事访问、讲学与科研，形成对等互利的“知识交流”。通过大学大使系统，加强和深化与大学的合作，促进长期性、战略性的合作交流。

今天，区域发展所倡导的“新区域主义”，更加强调谈判、协商、网络和开放的区域合作，从而谋取区域整体竞争力的提高和个体成员外部交易成本的最低化。建议江阴在业已形成的城市合作联盟的基础上，进一步围绕企业家、产业、科技创新和城市发展等重点领域，发展城市之间的合作，可以与靖江和张家港发展近域联盟和专题联盟。在重视来自政府层面的科层式城市合作的同时，重视推动自发的和混合式的城市各个主体之间的合作。

（江阴是一座开放的城市，产业的显著特征是两头在外，而且在创新驱动的时代缺少高校资源，所以开放合作是内生的发展需要。本文从发展战略的视角论述了区域合作创新问题，发表于2009年第9期《江阴政报》。）

12　企业家精神视角下的区域发展比较——以江苏江阴和昆山为例

摘要：市场经济的主体是企业，企业的灵魂是企业家精神。发展创新型经济的关键之一是培育和弘扬企业家精神，增强区域创新氛围。本文主要回顾了企业家精神与区域发展的相关研究文献，提出评价区域企业家精神的指标体系，并以江苏江阴和昆山为例进行了分析比较。最后，文章提出了培育和弘扬江阴企业家精神的一些对策思考。

关键词：企业家精神；指标体系；江阴；昆山

加快发展方式的转变重要的是要从投资驱动向创新驱动的转变。而在这转变过程中，以创新为核心内涵的“企业家精神”是最需要大力加以培育和弘扬的。

12.1　文献综述：企业家精神视角下的区域发展研究

自从熊彼特提出“企业家精神”这一概念以来，理论界对其内涵和外延进行了不断地拓展。美国管理大师、经济学家德鲁克把“企业家精神”明确界定为社会创新精神，并把这种精神系统地提高到社会进步的杠杆作用的地位。他认为无论是社会还是经济，公共服务机构还是商业机构，都需要创新与企业家精神。创新与企业家精神能让任何社会、经济、产业、公共服务机构和商业机构保持高度的灵活性与自我更新能力。德鲁克指出，“韩国从战争废墟中成为经济强国的主要动力来自于强烈的企业家精神，韩国是企业家精神的最佳实践国”。

在企业家精神与区域发展相关关系的研究中，关于区域或国家企业家精神的概括相对较少。朴光星的"'汉江奇迹'与韩国的企业家精神"一文，探讨了韩国经济起飞与企业家精神之间的相关关系，通过分析发现，企业家精神对韩国经济的起飞发挥了重要的推动作用。以"挑战、奋斗、进取、创造"为核心内容的企业家精神传播到国民中间，提升为一种新的民族精神，成为推动社会发展的强大精神动力。

白俊男在其"企业精神的培养与中国台湾经济再发展瓶颈的突破"一文中指出，突破中国台湾经济再发展的瓶颈，关键在于积极培养和激发具有企业家精神的企业家，需要拥有一批高瞻远瞩、拥有冒险犯难、尊重经济伦理和怀抱社会使命、不断投入研究发展、进而创业投资的企业家。

一些文献探讨了地域文化与企业家精神的相关关系。胡序勇的"新疆地域文化与企业家精神"一文提出，新疆的绿洲经济具有的分散性和封闭性文化特征制约了新疆的企业家精神，是新疆经济落后的深层原因。孙步忠的"基于文化创新视角下的江西企业家精神培育"与张宏的"论南京地域文化与民营企业家创新精神"论文，分别探讨了地域文化对"企业家精神"的影响，并提出培育"企业家精神"的对策思路。

另有一些文献探讨了企业家精神与区域经济增长的关系。Audretsch 提出企业家精神资本是一种特殊的社会资本，她能影响和塑造有助于新公司创造的区域经济环境，能直接促进区域经济增长。企业家精神资本丰裕的地方能够提高风险资本家提供风险资本和银行提供贷款的意愿、具有较高的社会信任程度、能够更好地包容失败、具有较强的合作创新精神及较规范的市场制度等。Beugelsdijk 和 Noorderhaven 使用量化的代理指标，分析了战后欧洲 54 个地区的增长差异，他们发现企业家精神是导致这些地区经济增长差异的一个重要因素。

12.2 "企业家精神"的评价指标体系探讨

理论界对企业家精神与区域经济增长的关系已经有一些定量

化的研究成果，如 Beugelsdijk 和 Noorderhaven 使用“自我雇用率”作为企业家精神的代理指标，分析发现企业家精神是导致战后欧洲 54 个地区经济增长差异的一个重要因素。李宏彬等人提出企业家精神即为企业家的创新创业精神，可以以“个体和私营企业所雇用的工人数占总就业人口的比率（亦称私人企业比率）”来衡量企业家创业精神的指标，以专利或发明数量来衡量企业家的创新精神，其研究结果表明企业家的创业和创新精神对经济增长具有显著地正效应。

既然企业家精神与经济增长是正相关的，那么经济增长的数量指标可以一定程度地反映地方企业家精神的丰欠状况。经济增长越快的地区也可能更容易催生在多变的经济环境中善于把握市场机会的企业家群体。所以，创业、创新的指标是反映企业家精神的核心指标，而经济总量增长指标可以是反映一个地区企业家精神丰欠状况的重要指标。

尽管经济总量增长指标可以是反映一个地区企业家精神丰欠状况的重要指标，但为了较好地剔除经济指标中“非企业家精神”因素，就需要进一步对结构性的经济指标进行分析评价。

在全球生态文明浪潮下，一个地区经济增长如果过多地依赖了资源的消耗，那么尽管在总量经济数据上表现为高水平，但其质量和可持续性却是非常不足的。因此，单位地区生产总值能耗和重化工业的比重等指标可以作为评价一个地区企业家精神的反向指标。而空间的集聚和行业的集聚有利于企业家精神的培育和弘扬，是正向指标。

综上，我们认为企业家精神的数量评价指标存在两个方面的核心指标：创新与创业水平指标；有 4 个重要指示指标：产出水平、投入水平、收入水平和市场拓展水平；有 4 个结构性评价指标：能耗水平、重化工业的行业占比与技术密集型加工业占比水平、经济的空间集聚度水平和产业的行业集中度水平。表 12-1 为企业家精神评价指标体系。

企业家精神评价指标体系　　表 12-1

指标分类	指标方向	具体量化指标
1. 核心指示指标	专利水平	每万人拥有的发明专利的数量
	创业水平	每万人新增个体工商户数 每万人拥有的工业企业数 每百万人拥有上市企业数
2. 重要指示指标	产出水平	地区生产总值
	投资水平	固定资产投资 到位注册外资
	市场拓展 收入水平	自营出口 地方财政一般预算收入 金融存款余额
3. 结构评价指标	单位能耗产出	每亿千瓦时的生产总值
	制造业内部结构	重化工业行业和技术密集型加工业行业占比
	空间集聚度	首位经济板块在区域经济总量中的比重
	行业集聚度	首位产业在地区行业总量中的比重

12.3　江苏江阴与昆山“企业家精神”代理指标的比较

(1) 江阴和昆山企业家精神的比较——基于两大核心指标的分析。2009 年，江阴的专利申请数在总量和增速上与昆山都有相当的差距。以每万人拥有的授权发明专利的数量来看，2009 年江阴和昆山的常住人口分别是 156.73 万人和 129.29 万人，获得的授权发明专利分别是 156 件和 217 件，每万人拥有的授权发明专利数分别是 0.995 件 / 万人和 1.678 件 / 万人，昆山是江阴的 1.7 倍，而其总量的增速是江阴的 4.8 倍。表 12-2 为 2009 年江阴和昆山的专利申请与获得授权专利情况。

2009年江阴和昆山的专利申请与获得授权专利情况　　表12-2

项目	江阴		昆山	
	总量	增长率(%)	总量	增长率(%)
专利申请数(件)	3729	48	12007	133
其中:发明	578	27	1501	162
实用新型	1591	66	2364	126
外观	1560	40	8142	131
专利授权数(件)	2239	128	5797	193
其中:发明	156	30	217	144
实用新型	1055	141	1815	122
外观	1028	143	3765	276

注：数据来源于《江阴统计年鉴》(2010)和《昆山统计年鉴》(2010)。

从创业的三个指标来看，昆山在"每万人新增个体工商户数"和"每万人拥有的工业企业数"两个方面领先于江阴，而在上市企业数方面江阴的总量与单位密度是昆山的9倍和7.4倍。表12-3为2009年江阴和昆山工商个体户及企业情况。

2009年江阴和昆山工商个体户及企业情况　　表12-3

项目	江阴		昆山	
新增个体工商户数	总量 9725	密度 62.05家/万人	总量 9529	密度 73.70家/万人
工业企业数	16889	107.76家/万人	16904	130.74家/万人
每百万人拥有上市企业数	27	17.23家/百万人	3	2.33家/百万人

注：上市企业数为截止2010年9月最新统计数，其余数据来自《江阴统计年鉴》(2010)和《昆山统计年鉴》(2010)。

从以上比较的4个数据可以看出，昆山在"企业家精神"的核心指标方面优势明显。需要指出的是江阴企业绝大多数是本土企业，而昆山外来创业企业的数量与比重较高，表12-4是2009年两地纳税前50强企业名单，从中可以看出以昆山为基地的外部嵌入型企业比重达到70%左右，而江阴本土原生发展的企业比重达94%左右。

2009年江阴和昆山实现利税最多的50家工业企业 表12-4

排序	昆山	江阴
1	正新橡胶(中国)有限公司	江苏法尔胜泓昇集团有限公司
2	四海电子(昆山)有限公司	江阴兴澄特种钢铁有限公司
3	通力电梯有限公司	江苏利电能源集团
4	三一重机有限公司	江苏阳光集团有限公司
5	昆山三一机械有限公司	中船澄西船舶修造有限公司
6	利乐包装(昆山)有限公司	江苏新长江实业集团有限公司
7	仁宝信息技术(昆山)有限公司	江苏扬子江船厂有限公司
8	牧田(昆山)有限公司	江苏华西集团公司
9	纬新资通(昆山)有限公司	江阴苏龙发电有限公司
10	昆山统一企业食品有限公司	江苏双良集团有限公司
11	康准电子科技(昆山)有限公司	江阴市西城钢铁有限公司
12	富士康(昆山)电脑接插件有限公司	海澜集团有限公司
13	沪士电子股份有限公司	江阴福汇纺织有限公司
14	福斯罗扣件系统(中国)有限公司	江阴江东集团公司
15	鸿准精密模具(昆山)有限公司	江苏新潮科技集团有限公司
16	海虹老人牌(昆山)有限公司	江苏三房巷集团有限公司
17	建大橡胶(中国)有限公司	江阴德玛斯特钻具有限公司
18	昆山华冠商标印刷有限公司	江苏华宏实业集团有限公司
19	庞贝捷涂料(昆山)有限公司	江苏利安达集团有限公司
20	天泰焊材(昆山)有限公司	瀚宇博德科技(江阴)有限公司
21	樱花卫厨(中国)股份有限公司	江阴海达集团有限公司

续表

排序	昆山	江阴
22	纬智资通(昆山)有限公司	江阴热电有限公司
23	昆山鼎鑫电子有限公司	阿法拉伐(江阴)设备制造有限公司
24	艾利(中国)有限公司	江苏吉鑫风能科技股份有限公司
25	昆山钞票纸厂	江苏倪家巷集团有限公司
26	捷安特(中国)有限公司	江阴市华澄实业有限公司
27	远轻铝业(中国)有限公司	江苏红柳床单有限公司
28	仁宝资讯工业(昆山)有限公司	江阴市兰天彩印包装有限公司
29	禧玛诺(昆山)自行车零件有限公司	江阴协统汽车附件有限公司
30	富士和机械工业(昆山)有限公司	申达集团有限公司
31	苏派特金属(昆山)有限公司	江阴新和桥化工有限公司
32	仁宝光电科技(昆山)有限公司	江阴澄星实业集团有限公司
33	昆山宏致电子有限公司	江阴市双达钢业有限公司
34	国都化工(昆山)有限公司	江阴模塑集团有限公司
35	牧田(中国)有限公司	江阴联通实业有限公司
36	耐落螺丝(昆山)有限公司	江阴浚鑫科技有限公司
37	膳魔师(中国)家庭制品有限公司	海润光伏科技股份有限公司
38	镒胜电子科技(昆山)有限公司	帝斯曼工程塑料(江苏)有限公司
39	金箭印刷科技(昆山)有限公司	云蝠投资控股有限公司
40	昆山恩斯克有限公司	江阴市安基橡胶工业有限公司
41	滨中元川金属制品(昆山)有限公司	江苏省宏晟重工集团有限公司

续表

排序	昆山	江阴
42	昆山盈意大自然木业有限公司	江苏华兰药用新材料股份有限公司
43	梅塞尔切割焊接有限公司(昆山)	江阴凯澄起重机械有限公司
44	仁宝电子科技(昆山)有限公司	江阴市创新气门嘴有限公司
45	昆山金网包装有限公司	江苏向阳集团有限公司
46	威特万扣件系统(昆山)有限公司	江阴中南重工股份有限公司
47	万福阁家具(昆山)有限公司	无锡百川化工股份有限公司
48	泰科电子(昆山)有限公司	江阴市申澄集团有限公司
49	昆颖电子(昆山)有限公司	江苏焱鑫科技集团有限公司
50	富瑞精密组件(昆山)有限公司	上海振华重工(集团)股份有限公司江阴分公司

注：数据来源于《江阴统计年鉴》(2010) 和《昆山统计年鉴》(2010)。

(2) 江阴和昆山企业家精神的比较——基于四个重要指示指标的分析。在地区生产总值总量方面，2009 年江阴和昆山分别为 1713 亿元和 1750 亿元，江阴的增速低于昆山 4 个百分点。人均地区生产总值方面，江阴为 10.93 万元/人，昆山为 11.28 万元/人，昆山高于江阴 3.2%。

在固定资产投资方面，2009 年江阴和昆山分别为 501 亿元和 430 亿元，江阴是昆山的 1.2 倍，江阴的增速高于昆山 9 个百分点。在当前向创新型经济转型过程中，固定资产投入指标仍然是反映区域经济活跃性的重要指标。

在到位注册外资方面，2009 年江阴和昆山分别为 7 亿美元和 17 亿美元，昆山是江阴的 2.4 倍。其表明，昆山的外向嵌入型投资创业比较活跃。

在自营出口方面，2009 年江阴和昆山分别为 62 亿美元和 408 亿美元，在总量上，昆山是江阴的 6.6 倍，在增幅上，两者相差 35 个百分点。2009 年是受全球金融危机冲击严重的一年，昆山和江阴的出口一升一降一定程度上说明了两者在国际分工中抗风险的能力差异。而在总量上的差距，也一定程度地说明了企业家的国际化以及整体产业的国际化程度。

在地方财政一般预算收入方面，2009 年江阴和昆山分别为 111 亿元和 133 亿元，昆山是江阴的 1.2 倍，昆山增速高于江阴 7 个百分点。

在金融存款余额方面，2009 年江阴和昆山分别为 1649 亿元和 1610 亿元，江阴总量高于昆山，且增速高 3 个百分点。

以上 6 个指标，江阴 2 个指标高于昆山水平，有 4 个指标低于昆山。表 12-5 是 2009 年江阴与昆山总量性经济数据。

2009 年江阴与昆山总量性经济数据　　表 12-5

项目	江阴		昆山	
	总量	增长率(%)	总量	增长率(%)
地区生产总值(亿元)	1713	12	1750	16
固定资产投资(亿元)	501	25	430	16
到位注册外资(亿美元)	7	5	17	4
自营出口(亿美元)	62	−30	408	5
地方财政一般预算收入	111	8	133	15
金融存款余额	1649	32	1610	29

注：数据来源于《江阴统计年鉴》(2010) 和《昆山统计年鉴》(2010)。

(3) 江阴和昆山企业家精神的比较——基于结构评价指标的分析。 2009 年江阴和昆山每亿千瓦时的国内生产总值分别为 8.89 亿元和 13.24 亿元，昆山是江阴的 1.5 倍。相似指标，每亿千瓦时工业用电的工业利税江阴和昆山分别是 2.36 亿元和 3.77 亿元，昆山是江阴的 1.6 倍。这与江阴的产业结构尤其制造业内部结构紧密相关，2009 年江阴重化工业占全部制造业的比重为 55%，高出昆山 36 个百分点。而技术密集型加工业的占比，江阴为 7%，昆山为 66%，两者相差 59 个百分点。

在产业集聚和行业集聚方面，昆山的优势比较明显。首位经济板块经济开发区在各自经济总量中的比重江阴为13%，昆山为55%。首位制造行业江阴为黑色金属冶炼及压延加工业，在全行业中的占比为28%；昆山为通信设备、计算机及其他电子设备制造业，在全行业中的占比为61%。首位行业在总量中的占比昆山高于江阴33个百分点。表12-6是2009年江阴与昆山结构性经济数据。

2009年江阴与昆山结构性经济数据 表12-6

指标	江阴	昆山
每亿千瓦时的生产总值	8.89亿元/亿kWh	13.24亿元/亿kWh
工业每亿千瓦时利税产出	2.36亿元/亿kWh	3.77亿元/亿kWh
重化工业的制造业占比	55%	19%
技术密集型加工业占比	7%	66%
首位经济板块国内生产总值的区域总量占比	13%	55%
首位制造行业的总量占比	28%	61%

注：数据来源于《江阴统计年鉴》(2010)和《昆山统计年鉴》(2010)。

12.4 总结与思考

本文所作的比较具有一定的局限性，“企业家精神”的评价是一个复杂的系统问题，试图以少数几个指标进行分析显然只能说是“挂一漏万”，或者说“盲人摸象”。但本文所要探讨的问题无疑是非常有意义的，一些指标也值得加以关注和重视。

江阴和昆山分别代表了民营内生型经济和外资嵌入型经济的两个经典发展模式。两者存在各自的发展特色和优劣势。综合比较来看，昆山正处于一个由外资集聚效应不断放大的快速发展时期，地区创新创业氛围处于快速上升的轨道空间。

经历了改革开放以来的持续快速发展，尤其近10年来重化工业化的发展，江阴在土地、环境容量和劳动力成本等方面都面临难以持续历史发展路径的局面，先行发展的存量产业迫切需要转型升级。在此过程中，关键的力量是企业家，企业家的灵魂是企业家精神。江阴在培育和弘扬企业家精神，加强企业家队伍建设方面具有一定的优势：

（1）弘扬江阴精神，推动提升江阴企业家精神。“人心齐、民性刚、敢攀登、创一流”的江阴精神与现代企业家精神具有高度的耦合性。弘扬江阴精神与培育现代企业家精神可以实现较强的互动。

回顾江阴 5000 年文明史，江阴始终是江南文化的前锋、对外开放的前哨。回顾历史，无论是太伯奔吴、南北朝文化融合，还是唐宋以后海外交流、近代洋务运动，无不体现了江阴人自强不息、与时俱进，海纳百川、开放包容，敢为人先、不断创新的精神。这些精神正是当今江阴成为华夏第一县（市）的厚实历史文化基础。

改革开放以来，在江阴精神的鼓舞激励下，江阴人民解放思想，抢抓机遇，创新发展，勇争一流，创造“江阴板块”，形成“江阴现象”，率先全面建设小康社会，创新提出并加快建设“幸福江阴”。

实践证明，江阴精神是一种凝心聚力、抢抓机遇、加快发展的精神，是一种知难而进、奋力拼搏、艰苦创业的精神，是一种敢于争先、敢于胜利、敢于创造的精神。江阴精神与现代企业家精神完全一致，是区域创新发展、持续发展的巨大精神动力。

（2）充分发挥江阴的社会资本优势，引导提升江阴企业家精神。江阴是中国近代民族工商业的重要发源地之一，改革开放以来，也是我国内生工业化发育最充分、发展水平较为发达的地区之一。

正是江阴的工商业发展有着较好的历史基础，有着持续发展的历史与现实的社会网络，所以江阴的工商业发展具有雄厚的社会资本优势。基于这样的雄厚社会资本优势，江阴的政企互动比一般地区更为良性、高效和卓越。

紧密的地方社会一经济发展网络，塑造了强烈的地方共同体意识。但在全球化时代，提升区域发展还需要有发达的全球关联通道。所以江阴的持续创新发展需要有意识地发展外部战略性关联，激发内部凝聚的活力，引导提升江阴企业家精神，推动江阴企业家的创新和创业发展。

（3）重视典型引领，进一步激发江阴企业家精神。在不同的历史时期，江阴企业家都存在卓越的代表性人物，这些杰出人物身上凝聚了江阴企业家精神的精华。在近代工商业初步发展时期，吴汀鹭和祝丹卿先生是彪炳江阴企业史的代表性人物，而在当下，吴仁宝和周建松先生是江阴企业家持续创新创业的杰出代表。

总之，我们在大力培育和弘扬企业家精神过程中可以古今结合、中外结合和地域文化与企业家精神结合，推动经济社会转型提升和持续发展。

参考文献

［1］ 朴光星．“汉江奇迹”与韩国的企业家精神［J］．当代韩国，2009年冬季号：52—59

［2］ 徐冬青．把“江阴精神”转化为建设幸福江阴的强大动力［J］．江南论坛，2009（1）：32—34

［3］ 张向任，赵晓娟．危机时代下中国企业家精神的重塑［J］．北方经济，2010（1）：56—58

［4］ 李宏彬，李杏，姚先国等．企业家的创业与创新精神对中国经济增长的影响［J］．经济研究，2009（10）：99—108

［5］ 欧雪银．企业家精神理论研究新进展［J］．经济学动态，2009（8）：98—102

（企业家精神是区域创新发展所关注的重要领域之一，区域发展比较是宏观经济管理的一项重要工作。本文以企业家精神为视角，并定性与定量相结合，探讨了江阴与昆山的发展差异。文章发表于2011年第1期《宏观经济观察》，是第九届产业集群与区域发展国际学术会交流论文。）

13　2010年江阴与苏南发达县（市）经济比较分析

摘要：本文从经济总量、三大需求和经济效益等主要指标方面分析了江阴与昆山、张家港、常熟的基本概况，并从工业经济、投资等结构性数据进行了比较。最后，本文提出了江阴的发展对策建议：突出战略转型、实施创新驱动、加强政策引导和推进结构优化等。

关键词：江阴；经济比较；结构；创新驱动

2010年苏南四强县（市）江阴、昆山、张家港和常熟的竞争基本格局虽未发生重大变化，但竞相发展、各具特色，认真对比分析，对于江阴市攀高比强，加快形成以新兴产业为主的“工业立市”新格局、加快构建“橄榄型”社会结构、加快形成现代化城市发展新格局有一定的借鉴和启发意义。现将2010年苏南四强发达县（市）经济运行情况比较如下。

13.1　2010年苏南四强县（市）经济运行的基本态势

（1）经济总量

1）地区生产总值

2010年苏南四强县（市）抢抓“后金融危机”经济格局调整新机遇，强力实施调结构、促转型、扩内需和稳增长的各项措施，各强地区生产总值均实现了两位数增长。其中，江阴市实现地区生产总值2001亿元，首次突破2000亿元大关，位居第二；昆山达到2100亿元，在经济总量上巩固了其领头羊地位；张家港和常熟分别实现1600亿元和1453亿元，位列第三和第四位，与江阴市的差距分别由 2009 年的 311 亿元、482 亿元进一步扩大到 401 亿元和 548 亿元。从增速看，江阴（16.8%）仅高于张家港（14.1%），分别落后昆山（20.0%）、常熟（18.1%）3.2 和 1.3 个百分点。

2）工业总产值

各强县（市）经济结构中工业依然占据主体地位，工业的表现对经济增长影响较大。2010 年昆山完成工业总产值 7001 亿元，增长 20.6%；江阴市完成工业总产值 5458 亿元，同比增长 16.1%；工业经济总量差距江阴市与昆山由上年 1103 亿元进一步放大至 1543 亿元。张家港完成 4701 亿元，增长 17.5%；常熟完成 3652 亿元，增长 21.3%。表 13-1 为 2010 年苏南四强县（市）主要经济总量指标表。

2010 年苏南四强县（市）主要经济总量指标表　表 13-1

指标	江阴	昆山	张家港	常熟
GDP(亿元)	2001	2100	1600	1454
同比增幅(%)	16.8	20	14.1	18.1
工业总产值(亿元)	5458	7001	4701	3652
同比增幅(%)	16.1	20.6	17.5	21.3

(2) 三大需求

1）全社会固定资产投资

2010 年，我市全社会固定资产投资总量和增速在发达县市中排列第一，总量达 626.6 亿元，同比增长 25.1%。昆山达 530.7 亿元，增长 23.4%；张家港达 445.9 亿元，增长 22.7%；常熟达 440.7 亿元，增长 22.1%。

2）社会消费品零售总额

2010 年，苏南四强社会消费品零售总额总量和增速较为接近。江阴市总量为 381.9 亿元，同比增长 18.7%，总量第一。同期昆山达 354.3 亿元，增速为 18.9%；张家港为 268.2 亿元，增速为 18.9%；常熟为 362.5 亿元，增速为 19%。

3）自营出口

2010 年，苏南四强的出口增速都超过了 30%以上，其中江阴市增速最快，但总量与先进县（市）有较大差距。2010 年江阴市自营出口总量为 94.2 亿美元，同比增速为 52.6%；昆山自营出口总量继续保持领先，达到 533.4 亿美元，是江阴市的 5.66 倍；张家港是 98.1 亿美元，增速为 50.5%；常熟是 116.6 亿美元，增速 49.2%。表 13-2 为 2010 年苏南四强县（市）三大需求经济指标表。

2010 年苏南四强县（市）三大需求经济指标表　表 13-2

指标	江阴	昆山	张家港	常熟
全社会固定资产投资(亿元)	626.6	530.7	445.9	440.7
同比增幅(%)	25.1	23.4	22.7	22.1
社会消费品零售总额(亿元)	381.9	354.3	268.2	362.5
同比增幅(%)	18.7	18.9	18.9	19
自营出口(亿美元)	94.2	533.4	98.1	116.6
同比增幅(%)	52.6	30.9	50.5	49.2

(3) 经济效益

1）财政收入

2010 年，江阴市实现全口径财政收入 382 亿元，同比增长 40.8%；昆山为 480 亿元，同比增长 46.3%，在苏南四强中总量和增速排列第一；张家港为 336 亿元，增长 21.6%；常熟为 274 亿元，增速为 44.3%。从一般预算收入来看，江阴总量为 130.7 亿元，比第一的昆山（163.1 亿元）少 32.4 亿元，增速（18%）仅高于张家港（10.5%），分别落后昆山（22.5%）、常熟（28.2%）4.5 和 10.2 个百分点。

财政收入占 GDP 的比重是反映经济效益的核心指标。2010 年，江阴市财政收入占 GDP 的比重为 19.1%，仅高于常熟（18.8%），比昆山和张家港分别低 3.8 和 1.9 个百分点。

2）工业经济效益

衡量工业经济效益主要有两个指标，即工业利税和利润。2010年，苏南四强中，江阴市工业利税总量和工业利税率最高，利税总量为521.5亿元，利税率9.55%，昆山工业利税总量为512.2亿元，利税率为7.32%；张家港工业利税总量282.6亿元，利税率为6.01%；常熟工业利税总量247.8亿元，利税率为6.78%。在工业利润方面，我市总量稍逊昆山一筹，但利润率最高，工业利润总量391.6亿元，利润率达7.17%；昆山工业利润总量412亿元，利润率5.88%；张家港工业利润总量191亿元，利润率4.06%；常熟工业利润总量181.2亿元，利润率4.96%。

3）居民收入与居民储蓄余额

2010年，江阴市农民人均纯收入为14898元，同比增长13.1%，总量和增幅排列第一。昆山农民人均纯收入为14824元，增长12.9%；张家港农民人均纯收入为14658元，同比增长13.0%；常熟农民人均纯收入为14664元，增长12.9%。在城镇居民人均可支配收入方面，江阴市为30184元，增长11.3%；昆山30923元，水平最高，增长12%；张家港30829元，增长11.9%；常熟30738，增长12.5%。在居民储蓄余额方面，苏南四强县（市）中，常熟总量最高达756.3亿元，我市排列第二，达656.5亿元。昆山总量虽然排列第三，但增速最快，达23.8%，比我市增速（15.1%）高出8.7个百分点。表13-3是2010年苏南四强县（市）主要经济效益指标表。

2010年苏南四强县（市）主要经济效益指标表　表13-3

指标	江阴	昆山	张家港	常熟
全口径财政收入(亿元)	382	480	336	274
同比增幅(%)	40.8	46.3	21.6	44.3
一般预算收入(亿元)	130.7	163.1	116.1	100.1
同比增幅(%)	18	22.5	10.5	28.2
全口径财政收入占GDP比重(%)	19.1	22.9	21.0	18.8
工业利税率(%)	9.55	7.32	6.01	6.78
工业利润率(%)	7.17	5.88	4.06	4.96

续表

指标	江阴	昆山	张家港	常熟
农民人均纯收入(元)	14898	14824	14658	14664
城镇居民人均可支配收入(元)	30184	30923	30829	30738
居民储蓄余额(亿元)	656.5	609.3	601.3	756.3

13.2 江阴与苏南发达县（市）的比较分析

通过横向比较分析，2010 年江阴市在苏南四强县市的地位稳中有升。相对优势继续扩大，比较劣势改善不大，相对优势表现为：体现经济基本面的各主要指标超越张家港，拉开了与常熟的距离，经济总量地位得到巩固，投资力度和结构相对优化。比较劣势表现为：工业经济结构、现代服务业发展以及经济的科技人才支撑需要进一步攀高比强，优化提升。

（1）工业经济：昆山结构比江阴优

工业立市是苏南四强发达县（市）的基本特征。2010 年，昆山规模工业分行业产值中，代表技术密集型的电气机械及器材制造业和通信设备、计算机及其他电子设备制造业占比（64.9%），高出江阴（10.5%）54.4 个百分点。从首位行业来看，昆山的首位行业为通信设备、计算机及其他电子设备制造业，占比为 61.8%；江阴市为黑色金属冶炼及压延加工业，占比为 27.5%，行业首位集中度我市低于昆山 34.3 个百分点。在工业总产值的空间结构方面，昆山主要集中于昆山经济技术开发区，占全市的比重达 60.3%；江阴市高新区和临港新城两者之和占全市的比重为 41%，比昆山低 19.3 个百分点。

（2）投资结构：江阴优于昆山

2010 年，江阴市全社会固定资产投资不仅总量最高，而且投资结构持续优化。完成工业投资 330.4 亿元，增长 21.9%；完成服务业投资 280.2 亿元，增幅达 29.3%；房地产投资占服务业投资总额的 38%，占比较低。民营资本投资占比进一步提高，同比提高 5.1 个百分点，占比为 59.5%。同期，昆山完成全社会固定资产投资 530.7 亿元，其中工业完成 221.8 亿元，增速为 14.8%，低于江阴市水平；服务业投资为 308.3 亿元，增速为 31.1%；房地产投资占服务业投资总额的 65.1%，占比较高，高于江阴市 27.1 个百分点。表 13-4 是 2010 年江阴与昆山投资结构比较表。

2010 年江阴与昆山投资结构比较表　　表 13-4

	工业投资	工业投资增幅	服务业投资	服务业投资增幅	房地产投资占服务业投资比重
江阴	330.4 亿元	21.9%	280.2 亿元	29.3%	38%
昆山	221.8 亿元	14.8%	308.3 亿元	31.1%	65.1%

(3) 发展后劲：取长补短、各有特色

昆山现代服务业发展快速，经济的科技人才支撑有力。2010 年昆山完成服务业增加值 735 亿元，增长 23.5%，增速高出江阴市 3.9 个百分点；服务业投入 308.3 亿元，增长 31.1%，总量和增速均高于我市（280.2 亿元，29.3%）水平。2010 年，昆山花桥经济开发区现代服务业加速集聚，服务业增加值占地区生产总值比重达 57.7%；昆山文化创意园被评为国家级文化产业示范基地，昆山软件园成为省级国际服务外包示范区，全年新增服务外包注册外资 4.1 亿美元，实现服务外包收入 7200 万美元。

在经济的科技人才实力及支撑方面，昆山高新区创立全国首个县域国家级高新区，高新技术产业产值占规模以上工业产值的比重达 58.3%（江阴市为 42%），新认定国家火炬计划重点企业 6 家（江阴市 7 家），高新技术企业 67 家（江阴市 27 家），技术先进型服务企业 4 家（江阴市 2 家），省级创新型企业 26 家（江阴市 23 家）。工业技术研究院被认定为省级产业技术研究院。13 名国家“千人计划”人才在昆创新创业，1 人入选国家“新世纪百千万人才工程”名单。2010 年授权专利数 9000 件，其中发明专利授权数为 255 件，分别比江阴多 5170 件和 21 件。

张家港规模龙头企业带动作用更加突出，港口功能优势扩大。沙钢主体地位更加突出，继续位居中国民营企业之首，世界500强位次前移29位；港口完成口岸货物吞吐量2亿t，集装箱运量112.4万标箱，分别增长33.4%和29.2%。江阴市港口2010年完成口岸货物吞吐量1.25亿t，集装箱运量101.1万标箱，分别增长15.5%和34.4%。

13.3 建议和对策

(1) 率先推动发展战略转型，争取战略主动

从国际看，世界范围的资本和产业格局正在重新洗牌，跨国公司推进全球战略、全球管理、全球配置资源的力度比以往任何时候都大。谁能有效抓住全球新一轮转型的机遇，谁就奠定了战略性竞争优势的基础。从国内看，中国战略崛起与中国发展转型将构成今后20年的国家发展格局的两大基本主线；从长三角看，长三角区域发展呈现出以世界先进制造业中心为目标的工业化趋势、以世界第六大城市群为目标的城市化趋势和以经济全球化为目标的国际化趋势，区域内城市加快转型，城市地位重新洗牌。上海着力塑造全球第六大城市群的领袖地位；而昆山则明确了“研发、商务、生态”的发展方向，致力于打造大都市边际节点城市。在这样的背景下，江阴的发展也必须适应新的形势，率先对过去的发展战略作出相应调整，以“十二五”强势开局为契机，以“三区三城”为战略目标定位，系统性地塑造区域竞争优势。

(2) 大力实施创新提升，形成持续性内生型驱动力

“十二五”期间，江阴市将以人才、科技、金融为支撑，打造以新兴产业为主导的“工业立市”新格局。为此，要进一步攀高比强，以国际视野借鉴国内外先进地区的经验，并基于江阴的产业特色，大力实施“445计划”，着力构建以战略性新兴产业与高新技术产业为核心，以骨干企业、主题园区和产业化基地为载体，以高层次人才为支撑，以科技中介服务为依托的区域创新高地。中心城区通过研发和高端服务进一步形成人才、知识和财富的集聚地和创造地，外围乡镇则重点形成高科技成果规模化制造基地，力争在物联网、新能源、新材料、工业设计等方面形成具有全球竞争力的新兴产业集群，在冶金、纺织等传统行业内形成高附加值的产品集群。

（3）强化政策引导有效性，切实促进产业空间集聚

一是保证新引进产业按照“445 计划”中已明确的空间布局落实到位。加强对全市各类资源和生产要素的整合，优化对新兴产业发展的有效配置。聚焦各类扶持政策和资金，不符合空间布局的企业将不享受政策扶持，力促新兴产业在空间上向重点园区集聚。二是引导各产业集群协调发展。以“提高产业间关联度、增强产业链竞争力”为主线引导各企业的资源重组，加强江阴市区域内各产业集群间的协作配合，尤其注重服务外包产业园、信息软件园、现代物流产业集群与各制造业集群的协助配套，加强冶金产业与车船制造、机械装备制造，化工新材料产业与纺织化纤的上下游产业的紧密配套。三是着手对各镇（街道）工业集中区开展新一轮空间规划研究。在新的背景下科学定位各镇工业集中区的产业发展特色和规模，引导各集中区产业结构调整、空间整合和集聚发展。

（4）着力优化结构，提升经济国际化水准

一是积极培育有核心竞争力的国际化大企业集团。鼓励 18 家龙头企业集团对内通过科技创新、产业链延伸，对外通过收购参股，使本地相关产业链、产业集群与国际资源、要素利用有力的结合起来，拓展海外生产、销售、研发、售后网络，培育有核心竞争力的国际化大企业集团。二是拓展利用外资模式。积极鼓励外资并购，境内外 IPO、PC、VC 及地区总部等新兴利用外资形式。鼓励跨国公司在江阴市投资高新技术产业和建立研究开发中心、生产制造基地和管理营运中心。三是提升出口结构。在重点行业建立国家、省、市级的出口品牌梯队，扩大自主品牌出口规模与比重。引导出口产品从加工制造低端环节的“车间型”产品向拥有自主专利技术的中高端产品发展，以进一步增强企业的抵抗贸易风险的能力。

（作为宏观经济管理部门，区域发展比较是一项重要工作内容。本文是近年来此方面工作所选取的一个代表，发表于《江阴政报》2011年第2期。）

14 “澄江八景”中的江阴意象探析

摘要：元末明初的澄江八景是江阴的城市历史格局演变的一个定格。本文初步分析了澄江八景：《蓉城晓烟》、《石湾春霁》、《扬子秋涛》、《巫门夜雨》、《海门宾日》、《孤山钓月》、《沙屿晚渡》和《淮甸晴眺》，并对其江阴意象内涵进行了探析。

关键词：澄江八景；江阴；意象；俞远

人类基本情感中除了亲情、友情和爱情之外，还有乡情与地情。中国各地都有歌咏“乡土”的诗歌，这些诗歌可以看着是一种“人地对话”，赋大地以情感之外寄予人生审美与情操。但迄今为止，人文地理学对这一问题以及题材的探究还较少。

“澄江八景”是迄今为止流传最久和最广的描述江阴的系列古典诗歌。通过对“澄江八景”的分析，不仅有利于知道江阴历史的一些脉络，更有利于推进地方特色文化的建设和传播。

“澄江八景”共由《蓉城晓烟》、《石湾春霁》、《扬子秋涛》、《巫门夜雨》、《海门宾日》、《沙屿晚渡》、《淮甸晴眺》和《孤山钓月》8首诗组成，构成了一组美妙的地理画卷。这其中有丰富的地景内容，或在清晨；或在傍晚；或在晴天；或在雨天；或在山巅；或在岛屿；或在河湾；或在河口。透过诗歌，可以发现作者对这一方土地的审美和热爱。

14.1 作者俞远

“澄江八景”的作者俞远，是元代人，大约公元1354年前后在世，字之近，又字绍堂，自号空谷山人，出生在江阴南部凤戈乡（今徐霞客镇峭岐社区）。他踏遍江阴的山山水水，尤其是沿江诸山及沙屿。俞远读书隐居，“笃行古道”，以教书为生。他学问深厚，诲人不倦。一般读书人有问题向他请教，他总热情作答。俞远擅长写诗，长吟短咏，语出惊人，如《龙门桐歌》、《小石湾行》、《澄江八景》等，传诵人口。他的文章也很有名气，编有《豆亭集》、《学诗管见》流传后世。元至正间卒，享年 73 岁。同里王逢挽诗云：“襄阳一管旧，东鲁古先生。”(《梧溪集》卷三《故空谷俞先生挽词》)《元诗选》三集辑有其《豆亭集》一卷。生平事迹见明孙作《沧螺集》卷三《空谷先生墓碑记》。

14.2 “澄江八景”简析

“澄江八景”对江阴景象的描绘是宏观的，是一种基于大视野、广角镜头式。通过“澄江八景”的梳理和解析，可以看到江阴宛若江淮大地上的一颗晶莹通透的明珠，她秀丽又大气磅礴。可以注意到那时人们对江阴的一些宏观认识：地处江尾海头、南北要冲，邻近当时的国际大都会扬州，是军事要地，也是鱼米之乡。

(1)《蓉城晓烟》

江阴别称“澄江”，又称“芙蓉城”，所以作者这里称江阴为“蓉城”。作者围绕月色依稀、晨雾弥漫的江阴城，视角和嗅觉相结合、动态和静态相结合、现实和想象相结合，描写了四组景象。首先是月色依稀、晨雾轻起下的江阴城，在远处山烟一带依稀可以看见的村居；其次是视觉和嗅觉的结合，看到的是钟鼓楼，嗅到的是木材燃烧熄灭后夹杂着湿润空气的篝火香味；再次是军营边和井口旁一派热闹的景象，其中透视出当年的江阴是军事要塞和鱼米之乡。最后，作者看到江上东去的船只，挂着蒲草做的风帆，不禁想象去蓬莱仙境，如果能够得到神仙“麻姑”的帮助可以借来“羽车”，从此得道成仙。在这首诗中，不仅有丰富的诗化景象，而且有丰富的历史意象和丰富的作者想象。堪称绝世佳作。

(2)《石湾春霁》

与《蓉城晓烟》进行比较，《石湾春霁》没有那样的广角镜头，但在全诗的布局上，具有高度一致性。全诗第一句交代了时间和地点，第二句描绘了石湾一带的自然风景，第三句和第四句分别是“他者”和“自我”的活动，包括想象。由此诗可以看出当年的“石湾”是江阴人春季游憩的好去处。本诗的高明之处在于意境高。别人自有别人的乐趣，那些达官贵人们锦衣骏马、呼朋引伴到此春游美食，而我在这难得的和风煦日里，不禁要高歌一曲“伊州歌”，这歌声和着浩瀚的江波，让人们觉得激荡在一种美境之中。如果说《蓉城晓烟》中“他者”和“自我”存在呼应的话，那么在《石湾春霁》中，我们看到的作者是拥有别样的情趣。

(3)《扬子秋涛》

此诗是澄江八景中最为难解的一首，在诗句使用上比较拗口。但在布局风格上与《蓉城春晓》、《石湾春霁》是高度一致的。首句交代了时间和地点。高蹴一门危立海，散驰千道殷崩雷。蹴，踏的意思。作者站立在江边险要处，看到天光云影，犹如千万道电闪！鸟惊断碛都相失，鲸挂横山不及回。碛 qì，水中沙堆，断碛，指浅水中不相连接的沙石。此处“鲸”代指“江豚”。鸟惊断碛都相失，鲸挂横山不及回。寄语北来能赋客，江南奇观迟登台。这两句把秋季大江的萧瑟表达得淋漓尽致。此两句亦可与《岳阳楼记》中“登斯楼”句相比较，具有类似之处。

(4)《巫门夜雨》

此诗是江阴行政区划调整的一个见证。巫门，巫山附近“江海门户”。明嘉靖二十七年（1548）成书的《江阴县志》在其山川篇中写道：“浮山在县北扬子江中，又名巫山，为江海门户。”现在的巫山在张家港的港区镇，巫山已经和陆地连成一体，而双山沙因处于“孤山”和“巫山”之间，所以得名。

巫子门前沙拥波，泊舟黑夜雨滂沱。龙呼匣剑辞人去，鸟作飞车送鬼过。首句交代了时间、地点。次句是作者的想象，匣剑，指藏在匣中的宝剑；透过这两句，可以想象当年“巫山”的景况，在这江尾海头，你即会升起一种荡气回肠的豪迈，又会产生敬畏自然的悲悯与同情。在作者眼里，这里既是神仙也是鬼魅出入的地方。正是在这样的地方，作者在长夜未旦的时候挑灯写作，兴致勃然时高歌一曲。第四句是作者的感叹，其中“明月长竿还挂蓑”表明了作者超脱境界，也是一种人生的洒脱。《扬子秋涛》和《巫门夜雨》兼述了江阴自然景象中的萧瑟和雄壮。

（5）《海门宾日》

此诗所描写的地点比较模糊，但进一步强化了“江尾海头”的地理特征。如果想象作者是接着“巫门夜雨”写作的话，此诗所也就在今天张家港“双山沙”一带了。“舟楫尽登扬子岸”表明当年江阴的繁盛，而“衣冠应满太空宫”一句可能是说明元代时江阴的纺织业已经很发达。“寸心老我倾葵藿，扣缶狂歌两鬓蓬。”这两句是作者对自己的自问自答，一者自己问心无愧，但毕竟自己已经老矣，唯有一颗澎湃的心、跳跃的心是不老的。“扣缶狂歌两鬓蓬”表现了作者的豪迈和洒脱。

（6）《孤山钓月》

《孤山钓月》与《海门宾日》相比，描写的地点是非常明确的。现在的孤山隶属于靖江市，而在宋代时，靖江又称马驮沙，江阴和靖江是同一个行政区划单元。

俞远诗的一个特征，就是有丰富的想象力，在短小的篇章中纵横捭阖、激扬文字，这在《孤山钓月》中表现尤为明显。此诗第一句可以看作是写实性的，描写了大江、孤山和渔人，从此诗中我们也可注意到，当年的孤山是距离江边很近的，而经历了近千年的冲积沉积之后，今天的孤山已经远离江边了。“花发广陵忌捩拕，水吞云梦好持竿。”诗句中提到了扬州和以“云梦”代指的大江，捩，指“扭转”，拕，同“拖”。也表达了作者青春易老的慨叹和希望遍游天下的情怀。但是在这“珠光电转龙堂书，玉屑空飞兔臼寒。”的地方，作者又不禁有些退缩了，只有“一曲菱歌歌远止”了，任那水神冯夷“按节鼓狂澜”。

(7)《沙屿晚渡》

在作者眼里，江阴的江南江北是如此的接近，也是那样的便捷，“江北江南一苇航”。“野屋半开人惨澹，征车相次马玄黄。”，在这岛屿上，居住的民众虽然很少，但因为处于南北交通要塞，所以“征车相次”，马玄黄是指马过度劳累而眼睛模糊看不清东西。“羽竿风急回鸣鶂，鱼笱灯微隔树桑。”“羽杆”是赶车人用的，鶂，水鸟名，形似鸬鹚。“鱼笱”是渔具，编竹成篓，口有向内翻的竹片，鱼入篓即不易出。桑树，是养蚕用的。“指顾扬州莫惆怅，燕姬楼上劝飞觞。”，指顾，指手指目视、指点顾盼。燕姬，泛指美女，说明作者计划去扬州，而借用美女的劝酒来说明扬州就在近处，不用急迫。

(8)《淮甸晴眺》

如果把《沙屿晚渡》和《淮甸晴眺》看作是一个连续的过程，那么此诗是作者渡江之后来到扬州，而其中的“眺”是回望江阴，是跳出江阴看江阴。甸，古代指郊外的地方，淮甸指淮河流域。作者回望江阴看到了什么呢？“广陵南尽是长川，山隔川流不隔烟。”，此句你只能感叹古人眼中的天际线是多么地完美，扬州的南边是长江，山川和江流交替掩映，两岸的聚落清晰可见。“一骑看花来阙下，千帆转叶上天边。”阙 què，指供瞭望的楼，“一骑”和“千帆”相呼应，自己骑马来到城楼下，等上楼去一看，江上千帆共渡。“沤波雁碛刍荛合，豚穽鸡埘井络悬。”沤波，指水泡与波浪。碛，指水中沙堆。刍荛，chú ráo，指割草打柴的人。“豚阱”与“鸡埘”相对应，指猪圈和鸡圈。井络，指街道。“我住孤城愁逼仄，定来钓弋过残年。”此句一是说明江阴相对于扬州而言只是一座小县城，二是用“钓鱼和射鸟”表白了作者对大自然的热爱，也是对回归自然的向往。

14.3 “澄江八景”中的江阴意象探析

(1)“澄江八景”中的地名分析

“澄江八景”诗中涉及丰富的地名文化，有：蓉城、石湾、巫门、孤山、广陵、淮甸、扬子、海门、齐州等等。

江阴简称澄，又称“暨阳”、“延陵”和“芙蓉城”。俞远诗中的“蓉城”既指“芙蓉城”。江阴古称芙蓉城，是因为其西、其南尽被浩瀚的芙蓉古湖所包围。湖呈 L 形，面积 15300 顷（每顷合一百亩），在五湖之中，仅次于太湖。

“蓉城、石湾、巫门、孤山”是涉及当时区域内部的地名，是小尺度的。而“广陵、淮甸、扬子、海门、齐州”则拉开了大尺度的地理坐标，把江阴放在更加广阔的地理视野下进行观察、审读。在这一组地名中，我们可以观察到江阴是一座滨江城市，居于江尾海头，临近当时的国际大都市扬州（指顾扬州莫惆怅）。

（2）“澄江八景”中的江阴区位分析

“澄江八景”以文学的视角对江阴的区位进行了一定的诠释。一是江阴是当时的军事要塞。因为是江尾海头，为了防御倭寇，因而有驻军“刁斗营”。二是江阴是当时南北交通枢纽。江阴是长江下游江面最为狭窄的地区之一，交通便利，又处于农业与工商业发达的江淮平原和太湖平原的重心对接地带，所以是当时的交通枢纽，因而在俞远“澄江八景”诗中有“江北江南一苇航”、“舟楫尽登扬子岸”和“征车相次马玄黄”等诗句，还有对长江上往来船只繁忙景象的描绘如诗句“蓬莱有约蒲帆重”和“千帆转叶上天边”等等。

（3）“澄江八景”中的江阴经济与社会景象分析

有关城市方面，“澄江八景”中有“蓉城晓烟（江近篝香润不除）”“石湾春霁”、“扬子秋涛”、“海门宾日（舟楫尽登扬子岸）”、“孤山钓月（大江春石是孤山，山下渔人戴鹖冠。）”和“沙屿晚渡”等六组地景涉及“江城”特征。所以“澄江八景”强化了江阴滨江城市的特色。

有关经济方面，“澄江八景”诗中谈到了“山下渔人戴鹖冠”、“ 辘轳井上聚穿鱼”，也指出“鱼笱灯微隔树桑”。这些诗句一定程度上说明了当时江阴渔业活动较多。桑树和鱼笱并提，可能是两种生产活动（养蚕和渔业）的一并描绘。“ 舟楫尽登扬子岸，衣冠应满太空宫。”可以理解为经济繁华现象的侧面阐述。

有关社会方面，“锦帐移厨人簇簇，银鞍并妓马珑珑。”说明当时人们的游憩盛况。

在有关文化方面，通过作者“蓬莱有约蒲帆重，欲问麻姑借羽车。”的诗句，侧面可以看出当时佛教与道教的流行。

综上，“澄江八景”综合了作者对自然的审美，融合了大量有关地方经济、社会和文化发展的信息。“澄江八景”是地域文学中“乡土”景观诗歌的经典作品，值得进一步的分析、比较和学习借鉴。在今后的城市建设和文化创意的发展中也值得很好的挖掘。

附一：俞远“澄江八景”诗

(1)《蓉城晓烟》

落月昏昏城树白，山烟一带接闾居。天高楼鼓晴先觉，江近篝香润不除。刁斗营前看洗马，辘轳井上聚穿鱼。蓬莱有约蒲帆重，欲问麻姑借羽车。

(2)《石湾春霁》

春月少晴晴即风，石湾今日好春融。已怜野水添杯绿，更有杂花开树红。锦帐移厨人簇簇，银鞍并妓马珑珑。击壶错按伊州弄，句落鸥波浩荡中。

(3)《扬子秋涛》

大江日日潮流地，八月飞涛天半来。高蹴一门危立海，散驰千道殷崩雷。鸟惊断碛都相失，鲸挂横山不及回。寄语北来能赋客，江南奇观迟登台。

(4)《巫门夜雨》

巫子门前沙拥波，泊舟黑夜雨滂沱。龙呼匣剑辞人去，鸟作飞车送鬼过。翦烛频昏抄细字，看天未旦起狂歌。玉关何处头如雪，明月长竿还挂蓑。

(5)《海门宾日》

天在海门东复东，星移河落日曨曈。三声鸡唱齐州白，五色鸾翔弱水红。舟楫尽登扬子岸，衣冠应满太空宫。寸心老我倾葵藿，扣缶狂歌两鬓蓬。

(6)《孤山钓月》

大江春石是孤山，山下渔人戴鹖冠。花发广陵忌捩柁，水吞云梦好持竿。珠光电转龙堂书，玉屑空飞兔臼寒。一曲菱歌歌远止，冯夷按节鼓狂澜。

(7)《沙屿晚渡》

吴山望断楚山苍，江北江南一苇航。野屋半开人惨澹，征车相次马玄黄。羽竿风急回鸣䴔，鱼笱灯微隔树桑。指顾扬州莫惆怅，燕姬楼上劝飞觞。

(8)《淮甸晴眺》

广陵南尽是长川，山隔川流不隔烟。一骑看花来阙下，千帆转叶上天边。沤波雁碛刍荛合，豚穽鸡埘井络悬。我住孤城愁逼仄，定来钓弋过残年。

附二：尹嘉宾“澄江九景”诗

(1)《蓉城晓烟》

晓烟何澹澹，浸此芙蓉城。君山一以眺，真似小南京。

(2)《石湾春霁》

大小两石湾，春晴倍妍好。碧涧泛桃花，清江带芳草。

(3)《海门宾日》

海门日初升，遥遥江天紫。试登秦望山，三山如可指。

(4)《沙屿晚渡》

家住马驮沙，惯从鹅鼻渡。江上酒未醒，哪怕晚风怒。

(5)《扬子秋涛》

香山与真山，天台及石屋。秋至好观涛，雪浪喷林木。

(6)《淮甸晴眺》

淮甸楚山多，势与波下上。白云帝乡来，悠然得心赏。

(7)《孤山钓月》

孤山一卷石，东对大江开。潮平月可掇，好放钓舟来。

(8)《巫门夜雨》

夜雨暗巫门，幅幅梅花画。延陵几古人，多付渔家话。

(9)《鹅鼻积雪》

鹅鼻如银虬，下饮千江雪。树与鹤州平，月补黄田缺。

附三：胡山源《忆江南·江阴好》

《忆江南·江阴好》　胡山源 民国 27 年

江阴好，山水气势雄，三十三山罗四境，长江滚滚隐蛟龙，四季景无穷。

江阴好，人物冠古今，佛子神仙随代有，畸人侠客不须寻，行事足讴吟。

江阴好，风俗最淳良，富贵缙绅崇礼让，贩夫走卒重纲常，气节更辉煌。

江阴好，雨露四时匀，只有嫩凉添秋艳，时逢春暖弄春晴，冬夏亦良辰。

江阴好，物产羡丰饶，江里河豚荐紫笋，机头棉布胜鲛绡，衣食两逍遥。

江阴好，古迹任遨游，楚国春申雄一世，延陵季子义千秋，一例美名留。

江阴好，最好是吾乡，山似连环江似带，桑麻遍野米成仓，到处可徜徉。

江阴好，最好是吾家，竹外桃花依屋角，篱边杨柳拂檐牙，慈母乐无涯。

（对于地域文化的研究是我近年来的一个转向，本文对于认识城市历史景观和建设地域文化地标具有启发意义。文章是参加 2012 年江苏省地域文化研究会年会交流论文。）

15 江南八景文化的历史演进、地域特征及现代意义——兼对“澄江八景”的分析

摘要：本文在资料收集整理的基础上提出八景文化有两种起源。文章探讨了八景文化的历史演进和地域特征，并以“澄江八景”为例阐述其现代意义。在生态危机频发的今天，八景文化作为融合了人地和谐的审美传统、心智模式和文化基因，值得珍视、传播和发扬。在全球化愈益得到发展的今天，既具有国际化又具有地域性的八景文化模式也是我们实施“全球在地化”战略的重要题材，对塑造地方特色、建构地方集体意识具有启发意义。

关键词：八景文化；江南；地域特征；现代意义

在全球化与全球生态危机频发的今天，如何协调全球化与地方化（区域化）两个发展向度？如何塑造生态文化（文明）？这是需要做出响应的重要命题。在整个亚洲儒家文化圈中存在一个既具有地方特质，又存在共同传统品质的国际性文化现象，这就是“八景”文化现象。她在表达了诗意栖居的审美精神之外，也体现了“天人合一”的人地和谐的价值理念。从这两方面来看，八景文化于今天是我们弥足珍贵的文化遗产，是地域文明之间交流的可资凭借的一个题材。

15.1 八景文化起源于江南

“八景”一词最初是一个道教概念，一指人的眼、耳、鼻、口、舌等主要器官；另一指 8 个最佳行道受仙时间里的气色景

象。这8个时间分别是立春、春分、立夏、夏至、立秋、秋分、立冬、冬至，而与之对应的八景则分别是元景、始景、玄景、灵景、真景、明景、洞景、清景。由八时之景引而为空间方位上的八方之景，或八种色彩的景象。

对于八景诗歌文化的起源，归纳起来有两种认识。第一种认为是在南北朝时期，著名诗人沈约以浙江金华的八个景点为题材作“登楼望秋月”、“会圃临春风”、“秋至愍衰草”、“霜来悲落桐”、“夕行闻夜鹤”、“晨征听晓鸿”、“解珮去朝市”、“被褐守山东”等八首诗，名曰“八咏”，认为这是“八景诗”的雏形，也是中国地方“八景”文化的最早起源。北宋元丰元年苏轼所作的《虔州八境图诗》八首之第一首云：“坐看奔湍绕石楼，使君高会百无忧。三犀窃鄙秦太守，八咏聊同沈隐侯。”这里的沈隐侯就是沈约。《八道士馆诗》提出：“金华开八景，玉洞上三危。”另外，俞恂于明洪武二十五年十月十五日撰写的《平山八景诗序》提到：“东阳（这里指金华府，古称东阳郡）多佳山水，八咏有楼，肇见于沈休文（即沈约）。品题其后贤者，名士虽栖迟于岩壑间，仿之而为八咏者，不一而足也……而平山八景之名与沈楼之八咏同传于不朽，岂止为一时之美观哉？……。”由此可见，“八景”源于金华，而且与沈约有关是有一定依据的。

第二种根据宋沈括《梦溪笔谈》十七之书画记载：“度支员外郎宋迪工画，尤善为平远山水，其得意者有平沙雁落、远浦归帆、山市晴岚、江天暮雪、洞庭秋月、潇湘夜雨、烟寺晚钟、渔村夕照，谓之八景，好事者多传之。”《寄园寄所寄录》也认为：“自宋员外迪，以潇湘风景，写平山近水八幅，一时观者留题，曰为潇湘八景。”潇湘八景之所以被称之为“八景始祖”，一是因为著名书画家、诗人米芾的影响，当年他见到“潇湘八景图”后，一下动了诗心，挥毫作诗，称之为“潇湘八景图诗”。宁宗皇帝见后，御笔亲书米芾潇湘八景组诗。由此推波助澜，“潇湘八景”一时名声大震。宋、元、明时期不少文人仿照“潇湘八景”定出当地的“八景”，如燕京八景、关中八景、羊城八景等等，从此，八景文化模式风行各地。日本隆章先生在其《日本的美术》中指出：“中国各地的八景，是对遥远的潇湘八景的向往而产生的假托。”此外，潇湘八景的影响不仅限于中国，南宋末年，牧溪的《潇湘八景图》流入日本后成为室町时代“天下首屈一指”的珍宝，日本各地也纷纷效仿“潇湘八景”并营造出自身的八景，如“近江八景”、“松岛八景”、“南都八景”、“泉涌寺八景”等等，一时八景文化遍布岛国各地。有趣的是，美国现代诗人庞德借助“潇湘八景”创作了闻名的《七湖诗章》。

通过以上分析可见，八景文化起源于江南，并以江南为中心向外传播扩散的。有关八景文化起源的两种版本，从时间先后来看，沈约的金华八景出现最早，从流传和影响来看，潇湘八景影响最甚、流传最广。

15.2 “八景文化”的历史演进

“潇湘八景”诱发了人们对于自然的、乡土的浓郁亲情，引发了一种文化审美心智模式的流行，一时各地“八景”遍布九州。北宋虔州太守孔宗翰作《南康八境图》，蔡元定为福建麻纱镇作《麻纱八景》，徐瑞为江西鄱阳作《次韵月湾东湖十咏》等等。其中影响最大的要数“西湖十景”。同时，八景还影响到了金、元少数民族地区，金代有李俊民为山西临汾作《平水八咏》，元好问为河北固安作《方城八景》。

八景文化在传播与发展过程中呈现出四个特点：（1）由“单八景”向“多八景”发展。一种由八景逐步发展为十景、十二景、十六景乃至七十二景，如西湖十景、丹霞十二景、龙泉寺十六景、恒山十八景、邸园二十景、杭州二十四景、静宜园二十八景、圆明园四十景、承德避暑山庄七十二景等等。另一种是“大八景”与“小八景”、“内八景”与“外八景”并存。如厦门有“大八景”和“小八景”、天台山有“八大景”与“八小景”等。（2）由旧八景向新八景演进。各地在旧八景的基础上，先后推出新的“八景”如“羊城新八景”、“中山新八景”、“金陵新四十景”、“新北京十六景”等等。(3) 由自然景观为重向人文与自然景观相互融合发展。早期潇湘八景基本是自然景观，之后延伸出来的八景则是自然景观与人文景观的融合。近代评选出来的八景更是无所不包的综合体。(4) 形成八景结构体系。很多城市有自己的八景，乡镇和村有八景，一些家族也有八景，从而形成空间大尺度到小尺度、从集体到个体的八景结构体系。清人赵吉士说：“十室之邑，三里之城，五亩之园，以及琳宫梵宇，靡不有八景十景诗。”如江阴有澄江八景、龙沙八景（华士镇）和梧塍十景（徐霞客家族）。(5) 由国内向国外传播。日本曾对全国八景进行调查，发现调查的44个县中，有31个县有八景记载，总量超过200个八景风景群。在朝鲜，有“平壤八景”、“金刚山八景”、“新义州八景”等，越南有河仙十景，新加坡有裕华园三十一景等等。

15.3 江南“八景文化”的地域特征

“八景文化”在具有一定的共性模式结构的同时，又有独特的地方色彩和个性文化特质，她表达了地域性的审美情趣，具有地域性特征。

(1) 从空间布局来看

江南八景空间布局多连续整体型，景点分布基本围绕一个中心展开，各景点相互关联，如西湖十景、台湾八景、潮州八景等等。北方地区多独立组合型，各个景点各自独立，无围绕中心，如燕京八景、关中八景、敦煌八景等等。

(2) 从表达对象来看

江南八景的表达对象多为江、河、湖、溪、瀑、潭，如澄江八景、湛江八景、西湖十景、衡阳八景、真州八景等等。宋代羊城八景中，除“光孝菩提”外，所有景色都与水密切相关。相对而言，北方八景中山、峰、岭、台、岩表现的频率较高，如燕京八景、长安八景和开封八景等等。

(3) 从形成演变来看

江南八景多为文人士大夫们创作、交流和传诵，而北方八景中皇帝钦定的较多，八景内容在形成演变过程中受政治的影响相对较重。因此，江南八景对社会经济生活的描摹要高于北方，北方八景中对歌舞升平、歌功颂德的景象描述要高于江南八景。

15.4 案例分析：俞远“澄江八景”组诗中的丰富意向

“澄江八景”是迄今为止流传最久和最广的描述江阴景观的系列古典诗歌。作者俞远，元代人，大约公元1354年前后在世，他踏遍江阴的山山水水，尤其是沿江诸山及沙屿。俞远读书隐居，“笃行古道”，以教书为生。俞远擅长写诗，长吟短咏，语出惊人，如《龙门桐歌》、《小石湾行》等，传诵人口。他编有《豆亭集》、《学诗管见》流传后世。

(1)“澄江八景”组诗的主要内容

“澄江八景”组诗由《蓉城晓烟》、《石湾春霁》、《扬子秋涛》、《巫门夜雨》、《海门宾日》、《沙屿晚渡》、《淮甸晴眺》和《孤山钓月》8首诗组成，构成了一组美妙的景观画卷。

《蓉城晓烟》是一幅诗化长卷，在月色依稀、晨雾轻起下的江城，远处山烟一带依稀可以看见村居；看到的有钟鼓楼，闻到的有篝火香味；军营边和井口旁一派热闹的景象，江上东去的船只，挂着蒲草做的风帆，想象是去蓬莱仙境，如果能够得到神仙“麻姑”的帮助可以借来“羽车”，从此得道成仙。《石湾春霁》仿佛重现了那时“石湾”一带春季人们游憩的场景，作者也在和风旭日里高歌一曲“伊州歌”，歌声和着浩瀚的江波，激荡在一种美境之中。

如果说《蓉城晓烟》和《石湾春霁》描绘的是秀美江南，那么在《扬子秋涛》、《巫门夜雨》和《孤山钓月》中则表达了这个地处大江南北交接、江尾海头交界处自然的萧瑟与雄壮。

《扬子秋涛》中作者站立在江边险要处，看到天光云影，犹如千万道电闪！鸟儿在惊吓中纷纷飞离水中沙堆，江豚在浅湾中来不及洄游到大江中去。此情此景中，作者感叹道：寄语北来能赋客，江南奇观迟登台。

与《巫门夜雨》和《孤山钓月》相比较，《海门宾日》、《沙屿晚渡》和《淮甸晴眺》一改悲壮转而是朝气蓬勃的景象，“舟楫尽登扬子岸，衣冠应满太空宫”句描绘了当年经济和社会发展活跃的场景。这三组诗中充满了对一望无际开阔天际线的赞美、对江淮交接一马平川的赞颂和对江南江北一衣带水紧密相连、扬州大都市美丽繁华的赞叹。

(2)“澄江八景”组诗中丰富的意象

“澄江八景”中不仅涉及丰富的地名、也透视出了大量的区域经济与社会发展以及宗教文化概况。

1）“澄江八景”中的地名

“澄江八景”诗中涉及丰富的地名文化，有：蓉城、石湾、巫门、孤山、广陵、淮甸、扬子、海门、齐州等等。江阴简称澄，又称“暨阳”和“芙蓉城”。俞远诗中的“蓉城”既指“芙蓉城”。江阴古称芙蓉城，是因为其西、其南尽被浩瀚的芙蓉古湖所包围。湖呈L形，面积15300顷（每顷合一百亩），在五湖之中，仅次于太湖。

“蓉城、石湾、巫门、孤山”是涉及当时区域内部的地名，是小尺度的。而“广陵、淮甸、扬子、海门、齐州”则拉开了大尺度的地理坐标，把江阴放在更加广阔的地理视野下进行观察、审读。在这一组地名中，可以观察到江阴是一座滨江城市，居于江尾海头，临近当时的国际大都市扬州（指顾扬州莫惆怅）。

2）“澄江八景”中的江阴区位

“澄江八景”以文学的视角对江阴的区位进行了一定的诠释。一是江阴是当时的军事要塞。因为是江尾海头，为了防御倭寇，因而有驻军“刁斗营”。二是江阴是当时南北交通枢纽。江阴是长江下游江面最为狭窄的地区之一，交通便利，又处于农业与工商业发达的江淮平原和太湖平原的重心对接地带，所以是当时的交通枢纽，因而在俞远“澄江八景”诗中有“江北江南一苇航”、“舟楫尽登扬子岸”和“征车相次马玄黄”等诗句，还有对长江上往来船只繁忙景象的描绘如诗句“蓬莱有约蒲帆重”和“千帆转叶上天边”等等。

3）“澄江八景”中江阴的经济与社会景象

有关城市方面，“澄江八景”中有《蓉城晓烟》、《石湾春霁》、《扬子秋涛》、《海门宾日》、《孤山钓月》和《沙屿晚渡》等6组地景涉及“江城”特征。所以“澄江八景”强化了江阴滨江城市的特色。有关经济方面，“澄江八景”诗中谈到了“山下渔人戴鹖冠”、“ 辘轳井上聚穿鱼”，也指出“鱼笱灯微隔树桑”。这些诗句一定程度上说明了当时江阴的渔耕活动。桑树和鱼笱并提，是两种生产活动（养蚕和渔业）的一并描绘。“ 舟楫尽登扬子岸，衣冠应满太空宫。”可以理解为经济繁华现象的侧面阐述。有关社会方面，“锦帐移厨人簇簇，银鞍并妓马珑珑。”说明当时人们的游憩盛况。有关文化方面，通过作者“蓬莱有约蒲帆重，欲问麻姑借羽车。”的诗句，从一个侧面反映了当时佛教与道教的流行。

综上，“澄江八景”综合了作者对自然的审美，融合了大量有关地方经济、社会和文化发展的信息。“澄江八景”是地域文学中的经典作品，值得进一步的分析、比较和学习借鉴，对今后的城市建设和文化创意的发展也有丰富的价值和意义。

15.5 传统“八景”文化的现代意义——以“澄江八景”为例

“八景”文化既有地方性，又具有国际性，尤其在亚洲儒家文化圈中具有深厚的影响。作为宝贵的文化遗产，八景文化至今仍然根植于历史记忆之中，具有强大的感召力和生命力，当之无愧是我们优秀传统文化的一部分。

（1）八景文化是塑造地方特色文化的重要载体

全球化的影响，各种外来的、平常的现代景观充斥着城市，流行于大街小巷，而真正本土化的，能反映这个地区发展的地方景观正在消失，这种情况造成了地方文化危机。

一个地方的八景文化在传承发展中成为一个地方审美的“心理地图”、促进了地方文化的认同，有利于地方集体意识的发展。“澄江八景”不仅有利于强化江阴江尾海头、滨江名城的地域形象，在《蓉城春晓》、《海门宾日》、《淮甸晴眺》、《沙屿晚渡》中也有利于诗画江阴、生态江阴和美丽江阴的地域形象塑造。而《孤山钓月》和《巫山夜雨》勾起了人们对江阴、靖江和张家港三市历史联系的记忆，并可成为推进地域一体发展和联动发展的文化基础。

八景之景观内容不但包含了深厚的历史背景，同时也容纳了生动的现实生活，使自然与人文、历史与现实达到了完美的融合，从而，了解某地之八景，就可以实现对该地历史文化、风土人情等特点的全方位认识。“澄江八景”就正是如此，她不仅含有对江阴区位和地名信息，还包含了人们游憩、生产生活的场景，以及人们的宗教文化活动。

（2）八景文化是推进生态文明建设的重要路径

综观各地八景，无不展示出一幅幅意境隽永或气势非凡的大地景观，或优美宁静如田园牧歌，或波澜壮阔富于变幻，或悦人耳目，或沁人心脾，其魅力绝非现代各类人造标志性建筑所能比拟，深刻反映了中国传统“天人合一”的哲学思想。从“澄江八景”中我们不仅可以感受到大江、山川、平原的自然美，而且可以感受到开阔的天际线和地平线，展示出具有浓郁审美情趣的综合的、整体的大地景象，能够引发人们对自然山水的审美和歌咏，激发人们对天人和谐的追求。对比于今天越来越城市化、人工化、唯美化和贵族化的景观倾向，八景的艺术化、自然化和天人合一观念更值得提倡和赞美，是引导人们幸福生活，尤其在大地审美与诗意栖居的一种方式与途径。

参考文献

[1] 沈括著，刘尚荣校点. 梦溪笔谈［M］. 沈阳：辽宁教育出版社，1997

[2] 朱德润. 存复斋文集，跋马远画潇湘八景［M］. 四部丛刊续编集部. 上海书店，1985

[3] 张廷银. 传统家谱中“八景”的文化意义［J］. 广州大学学报（社会科学版），2004，(4)

[4] 赵吉士. 寄园寄所寄［M］. 上海：上海大达图书供应社，1935，121

[5] 内山精也. 宋代八景现象考，新宋学［M］. 上海：上海辞书出版社，2003

[6] 张廷银. 西北地方志中的八景诗述论［J］. 宁夏社会科学. 2005，(5)：147

[7] 约翰斯顿. 哲学与人文地理学［M］. 北京：商务印书馆，2000

[8] 安东尼·奥罗姆，陈向明著，城市的世界—对地点的比较分析和历史分析［M］. 曾茂娟，任远译. 上海：上海人民出版社，2005

[9] 韩有政. 乾县发现“关中八景”钱帖票［J］. 文博，1998，(6)

[10] 吴水田等. 地域文化景观的起源、传播与演变研究——以赣南八景为例［J］. 热带地理，2009，(2)：188

[11] 耿欣. 八景文化的景象表现与比较［D］. 北京：北京林业大学，2006

（本文是在前期工作基础上进行的深化，并把江阴八景放置于更广阔的地域文化、生态文明背景中进行思考。本文是参加2012年江南文化论坛研讨会提交交流的论文。）

16 2011年江阴与苏南发达县市的比较分析

摘要：本文对2011年度江阴、昆山、宜兴、张家港和常熟的发展进行了分析比较，主要围绕经济总量、效益、产业结构和运行态势四个方面。对江阴自身的分析，围绕经济结构、空间结构、行业结构、新兴产业和环境支撑等方面进行了比较性的分析。最后本文提出了工作建议，即优环境、优投入和优布局三个方面的努力方向与具体内容。

关键词：发展比较；江阴；昆山；经济结构

坚定率先发展的目标定位，必须开阔视野、客观比较，认清强弱、应对得力。作为苏南发达县（市）的代表，昆山、宜兴、张家港、常熟和江阴市地域相邻，文化相通，水平相近，但发展路径各具特色，发展理念各有千秋，呈现出你追我赶，互不相让的发展态势。

16.1 科学比对 准确定位 江阴强在哪？

客观比较，科学分析，找准坐标，坐准位置，才能正确评价自己，准确评价别人，从而扬长避短，以长补短。总的来讲，江阴依旧具有独特的发展优势，具体表现为：

（1）体量大。2011年，江阴市成功化解了整体经济环境恶劣，主导产业冲击较大，外围竞争日益激烈的挑战，经济继续保持稳健增长的态势。主要经济指标依然领跑苏南，既缩小了与先进的差距，又拉开了与追兵的距离。2011年，GDP与昆山的差距为96.4亿元，缩小了3亿元；与张家港的距离达475.6亿元，增加78.2亿元。表16-1为主要经济指标对比。

主要经济指标对比（总量/位次） **表 16-1**

	江阴	昆山	张家港	常熟
GDP(亿元)	2336/2	2432/1	1860/3	1710/4
固定资产投资(亿元)	712/1	643/2	533/3	493/4
工业总产值(亿元)	6436/2	8001/1	5456/3	4275/4
财政一般预算收入(亿元)	153/2	200/1	142/3	123/4
进出口(亿美元)	209/3	855/1	334/2	198/4

(2) 效益好。虽然2011年经济总体走向呈现出高开稳走的态势，主要经济指标增幅小幅回落，但得益于较大规模的装备升级和技术改造，企业盈利能力进一步增强，经济运行质量持续优化提升。

1) 税收占比高。从财政一般预算收入税收占比来看，江阴市财政收入质量较高。2011年依次是江阴86.4%、昆山86.7%、张家港80%、常熟77.4%、宜兴87%。与去年比，在经济增速的逐步回落中，江阴市在逆境中实现了财政结构的改善，与此同时，昆山则下降了5.8个百分点。图16-1是2010～2011年苏南五市一般预算收入税收占比

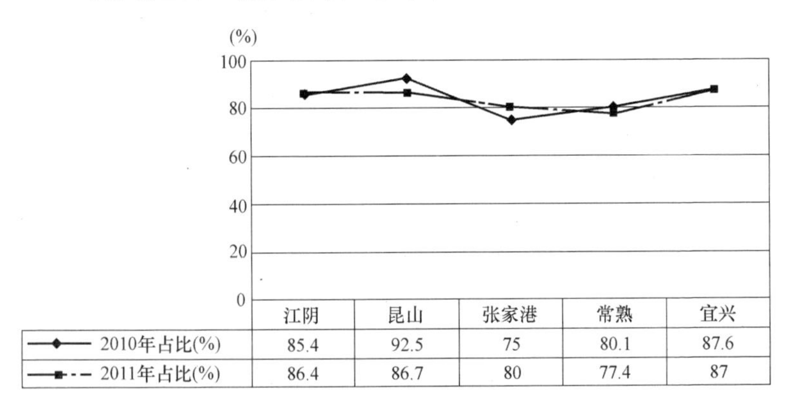

	江阴	昆山	张家港	常熟	宜兴
2010年占比(%)	85.4	92.5	75	80.1	87.6
2011年占比(%)	86.4	86.7	80	77.4	87

图16-1　2010～2011年苏南五市一般预算收入税收占比

2) 工业利税高。工业利税率能直接反映一个城市的工业效

益水平，从数据看，江阴市在苏南5县（市）中工业效益水平最高。2011年依次是江阴10.2%、昆山6.3%、张家港5.7%、常熟6.4%、宜兴7.7%，与2010年比，江阴、宜兴两市分别提高0.6、0.3个百分点，昆山、张家港、常熟则分别下降了1、0.3和0.4个百分点。数据表明江阴市的产业虽然传统产业较多，但在各自的产业链上均处于关键环节，整体获利能力较强。图16-2为2010～2011年苏南5市工业利税率。

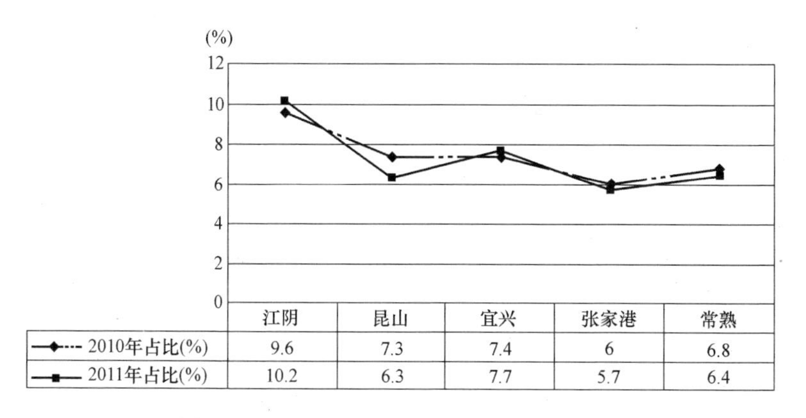

	江阴	昆山	宜兴	张家港	常熟
2010年占比(%)	9.6	7.3	7.4	6	6.8
2011年占比(%)	10.2	6.3	7.7	5.7	6.4

图16-2　2010～2011年苏南5市工业利税率

（3）产业强。2010年以来，江阴市加大投入强度和政策扶持力度，引导鼓励企业走品牌、标准、专利经营之路，推动企业占领行业高地，争做行业领军企业，取得了良好效果。

1）品牌强大。江阴市经济发展以本土经济为主，自主品牌较多，全市拥有89个省级以上名牌产品，其中世界名牌1个，全国驰名商标25个，遥遥领先于苏南各县（市）。在基本现代化指标考核中，2011年自主品牌增加值占GDP比重江阴、昆山、张家港分别为22%、7%、20%，江阴市最高。

2）标准领先。全市参与制定国际、国内行业标准企业共有126家，累计完成172项行业标准的制订，牢牢占据了行业技术领导者地位。

3）专利高企。2011年江阴市授权发明专利259件，昆山、张家港、常熟、宜兴依次为418件、164件、243件、153件。江阴市发明专利授权数已连续多年位居苏南县（市）第二位。

（4）态势稳。江阴市是“苏南模式”的发源地之一，经营机制活，工业门类全，企业家精神强，几种市场力量的结合极大地提高了江阴市经济系统的抗风险能力和市场重塑能力，虽历经风雨，几多波折，但经济运行仍顽强展现稳健品质。

1）经济波动小。近年来，在金融危机和欧债危机的冲击下，各县（市）经济都出现了不同程度的波动。剔除统计因素，从工业用电量来看，宜兴、江阴、张家港发展态势较为平稳，经济运行总体在可控区间内。而昆山起伏最大，最高增幅和最低增幅相差23.46个百分点，2009年工业用电增幅甚至下滑到负1.38%，其经济体系易受国际市场波动影响的软肋显现无疑。表16-2为2008～2011年间苏南5市工业用电波幅。

2008～2011年间苏南5市工业用电波幅（百分点）

表16-2

	江阴	昆山	张家港	常熟	宜兴
波幅	12.3	23.46	8.77	12.92	4.47

2）外贸潜力大。2011年江阴市和宜兴出口增幅分别达26.2%和26.5%，在苏南5县（市）位居前2位，外贸经济的抗风险能力、市场开拓能力较强。而同期昆山出口零增长，张家港和常熟出口增速分别回落33和31.6个百分点。图16-3为2010～2011年苏南5市出口增幅比较。

3）重生能力强。20世纪90年代中期，当苏南乡镇企业效益下滑，相关指标被浙江乡镇企业全面超越时，江阴市通过大规模的产权制度改革和紧抓资本经营的机遇，工业经济再次屹立潮头；2001年中国加入世界贸易组织后，在外资的冲击下，苏州、无锡等地的一批本土企业品牌陷入困境，而江阴市企业迎难而上，充分利用省沿江开发战略和经济国际化机遇，工业发展步入重型化快车道，塑造了内生型经济和外源型经济双轮驱动模式；

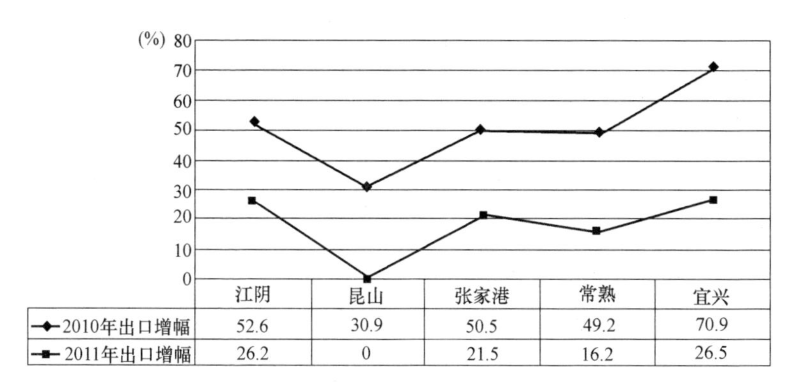

	江阴	昆山	张家港	常熟	宜兴
2010年出口增幅	52.6	30.9	50.5	49.2	70.9
2011年出口增幅	26.2	0	21.5	16.2	26.5

图 16-3　2010～2011 年苏南 5 市出口增幅比较

2008 年金融危机爆发后，在市场悲观预期中，江阴市企业审时度势，抄底海外，有针对性的引进一大批重大技术装备，进行大规模的固定资产升级和工艺改造。事实表明，江阴市企业善于在逆境中寻觅机遇，善于在产能过剩中实现装备升级，善于在全面开放中深耕海外市场，市场经验丰富，作战力强。

（5）形象好。城市形象就是潜在竞争力，就是现实生产力。在江阴精神、华西经验的推动、引导下，江阴市经济建设始终走在全国县域经济前列，被中央确定为“改革开放的先行者”。涌现出一大批行业单打冠军，2011 年在中国制造业 500 强中，江阴市有 13 家，在苏南发达县市中名列前茅。塑造了资本市场的“江阴板块”，形成了规模达 31 家的海内外上市企业群体，被誉为华夏 A 股第一县。整体经济生态、创业环境、市场活力等综合环境具有独特的魅力。

16.2　摆正心态 客观分析 江阴弱在哪?

在看到以上成绩和特色的同时我们也应清醒地看到，江阴市的经济发展也面临着不少突出问题和严峻挑战。与先进城市比较，江阴市产业现代化水平不高，科技主导型、清洁环保型都市产业体系仍未形成气候，旧有的乡镇格局依制约着现代化生产力布局，城市软实力薄弱，辐射带动作用明显不足。

（1）经济结构偏重。改革开放以来，江阴市经济主导产业演变走了“农业→轻工业→重工业”的常规工业化路径，增长方式较为粗放，转型任务较重。

1）产业结构偏重。从三次产业结构来看，20世纪80年代以来，江阴市产业结构由“二、一、三”逐步演变为“二、三、一”，第二产业始终占据主导地位，2011年江阴市三次产业比例是1.8：58：40.2。从国际标准看，江阴市人均GDP已达到中等发达国家水平，但国际上48个中等收入国家平均服务业增加值占比为61%，远高于江阴市水平。这固然与江阴的主体产业定位有关，但也暗示了江阴市的产业调整尚有相当大的空间。表16-3是2011年江阴与昆山、宜兴、常熟以及深圳产业结构比较。

2011年江阴、昆山、宜兴、常熟和深圳产业结构比较

表16-3

	江阴	昆山	宜兴	常熟	深圳
第一产业占比	1.8	0.8	4.3	2.0	0.2
第二产业占比	58	62.9	54.7	55.2	56.6
第三产业占比	40.2	36.3	41	42.8	43.2

2）重化工业当家。21世纪以来，随着沿江开发战略的实施，江阴市经济发展步入工业化中期阶段，工业结构明显“重型化”演变，重化工业占工业产值比显著抬升，并长期稳定在高位。2011年，重工业、轻工业产值占全部工业比重为66.4%和33.6%，重工业占比为轻工业的近两倍。图16-4为1979～2011年江阴轻重工业的变化。

3）传统产业支撑。从制造业内部的行业结构来看，与周边城市比较，江阴市产业较多的布局在传统行业领域。表16-4为2011年苏南5市制造业内部行业比重。

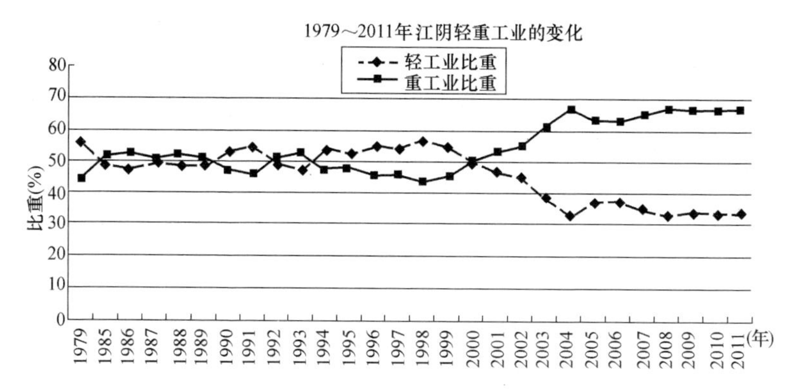

图 16-4　1979～2011 年江阴轻重工业的变化

2011 年苏南 5 市制造业内部行业比重　　表 16-4

	江阴	昆山	宜兴	张家港	常熟
2011 年规上工业总产值(亿元)	5977	7376	2451	4544	3287
行业产值占比(%)					
(1)纺织业	10.7	1.0	2.7	15.2	13.1
(2)黑色金属冶炼及压延加工业	25.9	1.0	0.4	43.3	9.9
(3)化学原料及化学制品制造业	7.6	4.3	16.8	7.6	8.8
(4)通用设备制造业	2.8	5.5	3.3	3.0	5.0
(5)交通运输设备制造业	7.6	3.5	0.6	1.9	2.2
(6)专用设备制造业	3.3	4.8	3.9	1.9	2.2
(7)电气机械及器材制造业	6.2	2.9	29.7	1.5	9.2
(8)通信设备、计算机制造业	5.6	60.7	1.5	1.0	13.0

(2) 产业集聚偏弱。发轫于“村村点火，处处冒烟”的乡镇工业，虽然经历第一轮大力度的空间资源整合，完成了“村→镇”的工业布局转变，但仍未能摆脱镇（街）割据，散乱发展的局面，不利于产生规模效应，亟需新一轮全市层面的产业、空间布局优化。

1) 行业分散。2011 年昆山规模以上工业已经形成 1 个千亿级、11 个百亿级的行业，其中首位行业（通信设备、计算机制造业）产值占规模以上工业总产值的比例达 60.7%，相比江阴市首位行业（冶金）产值占比高出 34.8 个百分点。苏南 5 市中，排名前三位的行业工业产值占全市比重之和仅江阴、常熟两市低于 50%，工业集聚度较低。表 16-5 为苏南 5 市前 3 位制造业行业产值占规模以上工业产值比重。

苏南 5 市前 3 位制造业行业产值占规模以上工业产值比重（%）

表 16-5

	首位制造业行业产值占比	第二位制造业行业产值占比	第三位制造业行业产值占比
江阴	25.9	10.7	7.6
昆山	60.7	4.8	4.3
宜兴	29.7	16.8	3.9
张家港	43.3	15.2	7.6
常熟	13.1	13.0	9.9

2）空间分散。以 GDP 贡献度为标准，江阴市首位发展板块所创造的 GDP 占全市的比重也大大低于周边发达县（市）。昆山首位发展板块是昆山经济技术开发区、其次是玉山镇、再次是张浦镇，其创造的 GDP 占全市比重分别为 57.2%、21.2%、5.9%。与此同时，江阴市的首位板块是临港新城、其次是高新区、再次是澄江街道，其 GDP 占全市比重分别为 19.6%、13.6%、13%。江阴市首位发展板块的贡献度明显较低。即使与张家港、常熟相比，也分别低 7.6 和 20.3 个百分点。表 16-6 为苏南 5 市前 3 位发展板块 GDP 和土地面积占全市比重。

苏南 5 市前 3 位发展板块 GDP 和土地面积占全市比重（%）

表 16-6

	首位发展板块 GDP 和土地面积占全市比重	第二位发展板块 GDP 和土地面积占全市比重	第三位发展板块 GDP 和土地面积占全市比重
江阴	19.6～19.9	13.6～5.2	13.0～5.1
昆山	57.2～11.7	21.2～12.6	5.9～11.6

续表

	首位发展板块 GDP 和土地面积占全市比重	第二位发展板块 GDP 和土地面积占全市比重	第三位发展板块 GDP 和土地面积占全市比重
宜兴	16.9～6.1	8.9～3.4	8.2～5.3
张家港	27.2～15.5	27.1～13.3	25.1～11.6
常熟	39.9～4.6	34.2～19.7	7.2～10.7

3）单产分散。综合考量土地因素，江阴市发展板块的投入产出效率最高为高新区，其单位产出强度为 2.62 亿元/km²，但仍低于昆山、宜兴、常熟，仅略高于张家港。表 16-7 是苏南 5 市前 3 位发展板块单位土地 GDP。

苏南 5 市前 3 位发展板块单位土地 GDP（亿元/km²）

表 16-7

	首位发展板块单位土地 GDP	第二位发展板块单位土地 GDP	第三位发展板块单位土地 GDP
江阴	0.98	2.62	2.55
昆山	4.89	1.68	0.51
宜兴	2.77	2.62	1.55
张家港	1.75	2.04	2.16
常熟	8.67	1.74	0.67

（3）转型推进偏慢。与昆山、常熟凭借地域优势快速实现跨越式发展相比，江阴市对传统产业较为依赖，新兴产业经营不足，转型步伐缓慢。

1）新兴产业少。与周边比较，江阴市引进的新兴产业体量偏小，行业分散，真正有战略意义的，可以撬动产业整体升级的龙头项目屈指可数。2011 年江阴市新认定省级以上高新企业 37 家，而昆山达到 93 家，是江阴市的 2.5 倍。昆山在高端装备制造、智能电网和物联网产业已经形成明显的总量优势。

2）龙头项目少。2011 年江阴市制造业超 10 亿元投资项目仅 5 个，2012 年则缩减为 3 个，而同期国电集团在宜兴的新能源基地建设项目一期投资总额达80亿元。常熟丰田研发中心投资超7亿美元，奇瑞量子汽车总投资150亿元，路虎项目总投资达175亿元。张家港也正快马加鞭形成百亿级锂电产业基地。

3）到位外资少。从到位外资来看，江阴市与昆山、张家港和常熟存在一定差距，2011年昆山到位外资总量是江阴市的2.3倍。图16-5是2011年苏南5市到位外资比较。

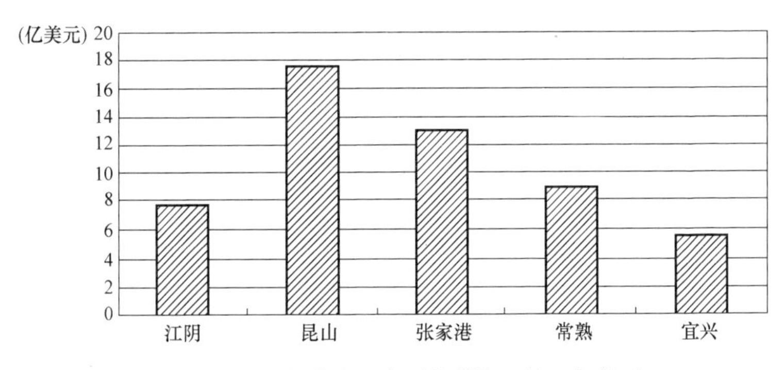

图16-5　2011年苏南5市到位外资比较（亿美元）

（4）环境支撑偏软。与先进比较，江阴市城市形态尚未摆脱县域气息，城市风格、风貌不鲜明，国际化水平较低，多元开放的格局还未形成。城市综合功能未能有效开发，制约经济难以形成真正的突破。

1）城市功能滞后。昆山受益上海都市圈的辐射，其城市化进展较快，城市经济、总部经济隐然成为新的经济增长极。张家港、太仓的国家级港口效应日益扩散，对周边物流形成极强的辐射力。江阴市却因城市战略定位的长期不明晰导致城市化进展缓慢，功能集聚滞后，制约了经济再上新台阶。

2）平台载体滞后。在国家级平台载体建设方面，与昆山拥有国家级经济技术开发区、国家级综合保税区和国家级高新技术开发区相比，江阴市目前尚有较大差距，新兴产业的承载力不足。

3）科教资源滞后。昆山拥有6所全日制高等院校，还引进了杜克大学昆山独立校区，张家港、常熟也都有很好的科教资源。良好的资源不仅提升了城市的品位和影响力，还为其经济的战略性转型升级提供了强大动力。相比而言，江阴市在战略性科教资源储备方面仍未形成有效突破。

4）生态建设滞后。宜兴依托其山水优势，初步形成了山清水秀、山环水绕，绿树成荫、绿地成片，空气清新、鸟语花香的生态城市格局，环境生产力优势日益凸显，支撑城市发展进入了潜能爆发期，优势彰显期，跨越赶超期和发展提速期，显示了强劲的增长后劲。比较而言，江阴市坐拥长江、运河及33座半山的自然环境禀赋，却未能充分开发其价值，发挥其潜在优势。

16.3 树杆明向 纲举目张 江阴怎么办?

找准了位置、看清了差距，下阶段要确定主攻方向，把短板、软板当作“牛鼻子”来抓，提纲挈领，集中突破，定点爆破，逐个击破，以点带面，撬动各项工作配套跟进。

（1）优环境。树立“环境生产力”理念，不遗余力推进滨江花园城市建设。江阴市人均GDP已近3万美元，根据国际经验，已越过“环境换取增长”向“环境促进增长”的发展拐点，越来越多的呈现出环境就是生产力的特征。

1）借鉴先进经验。国土面积与江阴市类似的新加坡20世纪90年代以来，始终把建设“国际花园水城”作为抓手，大手笔建设了一批生态平衡公园、绿色廊道、城市休憩区，提升滨水抱山的城市生态价值，用持续的环境美化吸引高端人才聚集、新兴产业集群、管理功能集约，成功推动其主导产业由石化、造船等重型产业向精密电子、生物医药、金融咨询等智力密集型产业转型，取得了举世瞩目的成就。

2）突破环境制约。产业、环境间有一个相互选择、自我强化的过程。江阴市有长江黄金航道及港口，对冶金、化工等大吞吐量的产业有天然的促进作用，但重化产业的过度发展会自动强化，有利于重型工业的环境格局，如物流体系、产业布局、人才结构、城市功能及自然环境的工业化异变等。这些环境因素的改变反过来会制约生物医药、新传感、创意设计等高环境标准、高附加值产业的大规模集聚，从而形成“环境排斥”及“产业锁定”的不利局面。因此，江阴必须充分认识到“花园城市建设”的产业、经济内涵，着力提高环境舒适度，提升环境人文价值，吸引新一代传感产业、生物医药、新材料、新能源等新兴产业入驻落户，通过大手笔的环境增值有效支撑江阴市产业转型。

3）增值城市功能。根据城市发展规律，工业化步入中后期时，从事研发、金融、商贸、旅游服务的城市竞争力将超过制造业城市。在未来5年内，发展城市经济，提升城市综合承载力，将是江阴市城市现代化建设的重要导向标。因此，江阴市应当充分利用港口、企业集团本土化优势，以主城区为载体，大力发展物流、总部、商务等城市经济新兴业态，提高主城区的科技金融管理集聚度，辐射、服务于周边各镇（街）乃至沿江各市的工业集中区，在跨江区域范围形成功能互补、错位发展的产业联动板块，推进产业体系现代化转型。

（2）优投入。强化“有效投入”和“高效投入”导向，加强政策配套和专业服务水平，切实加强装备升级型、创新驱动型、龙头带动型、外资导入型高效回报型投入，增强经济发展后劲。

1）腾笼换凤。一要拆出新空间。集中力量推进各板块的拆迁工作，为承接新产业腾出新载体，留出新空间；二要迁出新天地。加强与靖江工业园、睢宁工业园、沿海各港口等园区的对接，重点推进“五小”、“三高两低”企业、初级加工企业的关停、转移。通过建立产业转移承接的长效机制，实现空间资源置换，为增量项目留出空间。

2）优巢引凤。加大专业性招商引资力度，充分发挥商会、协会、中介机构和龙头企业作用，以商招商。以高新区、临港新城为主阵地，聚焦国内外行业龙头企业，突出精密制造、新传感、新能源、生物医药等高技术产业，着力引进一批科技含量高、产业关联度广、具有国际水准的龙头型、基地型、先导型、创新型等“四型”项目。

3）倾城育风。加强配套性政策激励，为新兴产业成长提供制度保障。一要优化要素供给。对推动产业现代化的鼓励类项目优先保证用地、用气、用能等生产要素供应。二要健全公共服务平台。健全高科技企业初创、成长、扩张发展要求的融资体系，促进各类民间投资投入到新兴产业领域。加强技术产权交易平台建设，推动科技成果流转，加速科技项目产业化进程。三要优化政府服务。优化审批流程，缩短审批时限。注重作风优化，提升服务效能，着力在立足本职、热忱服务，岗位前移、主动服务，瞄准难点、扎实服务，延伸职能、拓展服务上下功夫、求突破、见实效。用服务塑造形象、体现作为、推动发展。对重大项目开辟“绿色通道”，对难点项目定期集中会办，着力解决问题。

（3）优布局。坚持全市域一盘棋原则，以利益为纽带，以政策为引导，着力实施跨镇域的生产力优化行动，构建区域性、专业化工业园区，提升产业集聚度。

1）整合资源。加大我市各工业集中区空间资源整合力度，通过开展土地置换、余缺调剂、标准厂房建设等方法加快整合园区土地资源。凡纺织、服装、食品、电子、医药、生物等行业必须建造三层以上标准厂房，破解土地要素瓶颈。

2）构建载体。按照国际标准完善工业集中区规划布局，强化集中区生产、生活、生态及政策等功能性载体建设，着力提高集中区功能能级，促进企业集群集聚，形成主体突出、各有侧重的跨镇域产业承载基地。

3）突出主业。根据产业转型方向，坚持“分工、融合、联动、一体”的方针，围绕主体产业，推进各工业集中区向专业化、集约化发展，着力改变江阴市部分工业集中区主业模糊、同质竞争、重复建设现象。重点加大生物医药、物联网、新能源等新兴产业基地、主题园区建设，尽快形成高新技术产业集群化、规模化效应。

（本文是近年来区域比较分析的一篇经典调研文章，是多方面努力与协同工作的结果，凝聚了领导和同事的智慧。文章发表在《宏观经济观察》2012 年第 3/4 期。）

17 产业集群型城镇发展战略探讨——以兴化市戴南镇为例

摘要："企业家"发展战略、"网络化"发展战略、"第三方治理"战略是我国产业集群型城镇的三大发展战略。其实施的目的在于推动我国地方产业集群升级发展。在实施这三大战略的过程中关键在于政府实现转型，充分发挥"第三方"治理的效能，构建多部门的对话机制，整合协调多方力量，推动地方经济增长方式的转变。

关键词：产业集群；发展战略；企业家；网络化

17.1 前言

产业集群的地域形态基本有5种，分别是：（1）沿海出口加工基地；（2）智力密集地区，如北京的中关村；（3）以产业集群型城镇为基本构成单元的产业组织空间——广东称"专业镇"、浙江称"块状经济"和"专业化产业区"；（4）一些条件比较优越的开发区；（5）一些以国有大中型企业为核心的产业集聚区域。在我国产业集群的地域形态中绝大部分表现为以城镇为基本单元的组织空间形态，而对于产业集群型城镇发展的具体战略和策略的探讨国内外鲜有这方面的文献。

17.2 产业集群型城镇的一些共性特征

（1）工商文化浓厚，创业活跃。很多产业集群型城镇的地方产业并不是依靠优越的交通区位、特殊的投资政策或者丰富的地方自然资源，而是源于区域特有的“文化基因”。这些地方往往具有悠久的商品经济历史，有着“走出去”的传统，历史上往往能工巧匠居多。在浙江产业集群的沃土上，如东阳木匠、永康铁匠、青田石雕匠、湖州笔匠，等等。江苏省兴化市戴南镇，新中国成立前该镇五匠（指金匠、银匠、铁匠、铜匠、锡匠）的足迹就走遍大江南北，世代相传的专业技能，加上头脑灵活、善于经营的个性，构成了特殊的人力资本优势，久远的工商传统孕育了人们的商业头脑和务实品性。这种“文化基因”在改革开放的环境中，极大地推动了中小企业的蓬勃发展，成为区域经济发展的巨大推动力。

（2）产业空间扩散明显，往往形成几个镇的产业联合体。以兴化市戴南镇的不锈钢产业集群为例，该产业目前已经扩散到邻近的张郭、兴泰、时堰、茅山、溱东、溱潼、沈高、荻垛等镇，构成了一个以戴南为核心，周边乡镇分工参与的不锈钢产业群系统。再以大唐袜业集群为例，诸暨大唐袜业集群地域是以诸暨市中西部的大唐镇为中心，包括城关镇、草塔镇、五泄镇、牌头镇、王家井镇、马剑镇、安华镇、同山镇、五一镇、青山乡等在内的 11 个相邻乡镇。最近，大唐镇和草塔镇联合构建袜业市场，就是跨越行政界限，实现区域一体发展的行为。

（3）核心竞争力脆弱。产业集群并不是“万能”的和“完美无缺”的，产业集群往往会形成路径依赖，至而构成产业持续发展的风险。我国地方产业集群的发展有着特殊的制度背景，很多地方产业集群并非是在成熟的市场环境中成长起来的，而是依靠制度的先发优势，甚至利用制度的漏洞，走的是“低质高产”、利用廉价劳动力的路径。

城镇这一地域单元，虽然在我国改革初始阶段具有很多先发性的制度优势，尤其体现在制度成本方面。但在产业升级过程中有许多不利的制约因素，如人才、信息、市场、管理和创新网络等方面，这就致使我国城镇型地方产业集群的核心竞争力往往显得非常脆弱，产业生命周期往往显得比较短暂。

（4）环境污染问题。由于我国大量的地方产业集群的发展处于价值链的低端环节，结果不仅竞争激烈，而且导致环境和资源的压力。一些皮革、纺织、金属制品业集群的环境污染问题尤其突出。以兴化市戴南镇的不锈钢产业集群为例，不锈钢制品生产过程中（如拉丝、拉管、型钢和标准件等的生产）产生酸洗废水，废水中除含有硫酸、硝酸、盐酸和氢氟酸外，还含有大量的金属离子，如铁、镍、铬、锰等。该类废水的大量排放破坏了河流的生态系统，威胁到食品安全和人体健康。在戴南镇治理之前，据不完全统计，镇域年排放不锈钢生产污水量达 109.5 万 t，其中 97%集中于镇域东南片的 49.6km^2 范围的水域，导致大量水体常年呈浅黄色、暗黄色、砖红色，一些沟塘甚至为深褐色，但全镇约有 15166.7 亩耕地直接使用这样的水源灌溉。

17.3 产业集群型城镇的发展战略探讨

（1）“企业家”发展战略。有些地方把自身产业集群的发展成功归功于政府的行为——这种情况最常见于一些新闻报道中，政府如何如何培育的。对于如何推动产业集群的生成和发展，大量的文献都表达了这样的观点：产业集群的发展完全是一种市场行为。一些学者认为，产业集群也是“企业家集群”，是一种“集体企业家”。Chiles 等（2001）认为，产业集群不只具备主流经济学所描述的区位效应、创新能力、竞争优势等静态特征，它更是在独特的企业家精神或宏企业家集体（macroentrepreneurship）作用下的复杂动态过程。因而培育和提升产业集群，就是要培育“企业家”的土壤，因此，培育现代企业家队伍，为不断创业和创新的企业家的成长搭建平台和舞台，是产业集群型城镇发展战略的取向之一。

（2）“网络化”发展战略。网络化发展是产业集群的本质特征之一，网络是介于市场和层级之间的产业组织形式。网络的组织化程度、联系的广度和深度，以及网络的密度规定了产业集群的竞争力。

内生性产业集群往往网络内部的整合性具有一定基础，在产业升级发展过程中，网络的外部扩展开始得到增强，但受技术路径的约束、受外部网络中的主导性行为主体的约束，以及受集群所在区位的约束，产业集群的网络外部性拓展往往难于突破。

因此，地方产业集群，尤其在城镇区位不具有优势的情况下，要构建和治理内部生产和社会网络，使区域内部信息通畅、形成合力，能够有效采取“集体行动”。要能够发挥在干中学、在干中创新的潜力，增强自主创新能力，要能够促进生产链的分工协作和企业之间的“合作型博弈”。在构建和治理内部网络的同时，要加强与外部网络资源的联系和资源利用，要构建面向全球的与外部智力资源、技术资源、营销资源、管理资源等资源的多层位、多领域、多种链接方式的联系和资源利用网络。

（3）“第三方治理”战略。一些地方产业集群内部，企业之间恶性竞争，伪劣产品泛滥，产品和技术相互模仿，侵犯知识产权，造成创新动力不足，最终影响到区域品牌形象和持续发展，温州的制鞋业和永康的五金制造业集群等都曾有过这样的经历。发展成功的产业集群表明，集群内部良性关联的发展需要通过“第三方”加以治理，总结我国产业集群发展相对较好的广东和浙江经验，广东的专业镇创新中心和浙江块状经济区的行业协会在集群治理中角色最为突出。表 17-1 总结比较了广东专业镇创新中心和浙江块状经济区行业协会的发起方式、功能、优点、问题和趋势等方面。

实施以上 3 大战略，目的在于推动我国地方产业集群升级发展。在实施这三大战略的过程中关键在于政府要实现转型，要充分发挥“第三方”治理的效能，构建多部门的对话机制，整合和协调多方力量，推动地方经济增长方式的转变。

广东专业镇创新中心和浙江块状经济区行业协会的比较

表 17-1

比较	广东专业镇创新中心	浙江块状经济区行业协会（商会）
发起方式	政府发起	民间自发为主，兼有政府行为
功能	(1)技术开发，尤其集群的共性技术，中心投入和招标，投标的高校和研究机构进行开发，成果无偿提供给集群内部企业使用； (2)质检认证，中心购置检测设备帮企业做产品预检和送检； (3)信息收集和推广，推进企业和产业的信息化进程，整合国内外的市场信息、新技术、新产品、新工艺等行业资讯，建设专业网站和地区公众参与的网络空间，建立专业数据资料库，向公众提供行业技术信息、法律信息、市场信息等文献； (4)区域营销，组织企业参加外地展销会，协助地方政府举办展销会，创建和维护地区品牌，中心通过注册地区品牌为整个集群内在质量和信誉等方面符合要求的企业共享，创办专业产品网站； (5)人才培训；保护知识产权；建构产业网络，通过“技术沙龙”等形式促进企业网络的形成和推进产学研网络的形成	(1)开展行业统计，对行业状况进行调研，参与行业发展规划的编制。配合政府部门加强对本行业中的企业经营活动进行监督管理，为政府决策提供支持； (2)制定行业标准、产品质量标准、检验标准、环保要求和价格协调等标准和自律机制。维护会员共同利益和市场秩序，如制定《维权公约》，就新产品和人才等进行维权鉴定，并利用媒体加以舆论的监督；制定质量标准，建立质量保证金制度等； (3)促进会员之间的交流，代表会员和政府、消费者集团沟通； (4)为企业提供市场信息、技术和经营管理的培训和教育支持； (5)组织开拓外部市场，以及反击外部市场的不正当行为，如欧盟反倾销诉讼，全球采购商、生产商的俘略控制行为
优点	起步快、力度大、资源足	内外功能兼具
问题	定位不清、激励不足；功能泛化；供需脱节	经费不足；专职人员薄弱，年龄结构、学历结构不合理，活力不足；会员单位覆盖不广
共性	集公共产品和服务的提供者、集群行动的组织者和产业网络的建构者于一身，发挥多元化的功能	
趋向	创新中心：强化技术创新功能，部分功能转向行业协会； 政府：初期扶持，启动成功后转向民营化、社会化运作	行业协会：自主、自律、公平、公正； 政府：逐步在质量认证、信息交流、培训、行业标准制定、生产许可证发放等方面向协会授权

资料来源：根据丘海雄、徐建牛，《产业集群技术创新中的地方政府行为》等资料整理而成。

参考文献

[1] 王缉慈. 创新的空间：企业集群与区域发展［M］. 北京：北京大学出版社，2002

[2] 李植斌. 浙江原发性产业集群的形成机制与持续发展［J］. 地域研究与开发，2003（6）

[3] 丘海雄，徐建牛. 产业集群技术创新中的地方政府行为［J］. 管理世界，2004（10）

[4] 刘恒江，陈继祥，周莉娜. 产业集群动力机制研究的最新动态［J］. 外国经济与管理，2004（7）

18　后危机时期江阴经济转型创新的挑战与应对

摘要：本文对后危机的理解主要体现为3个方面，即后金融危机、后经济刺激、党的十八大后。在此背景下，探讨了江阴实现持续较快发展所面对的五大挑战：稳健增长、结构优化、创新驱动、产业资本转移、财政平衡。由此5个方面展开分析，提出在投资驱动与创新驱动中寻求协调，在外资引入与内资扩展中寻求平衡，在开放融合与内生动力中寻求结合，在制度创新与管理提升中寻求突破。

关键词：后危机；江阴；转型创新；挑战

当前经济发展处于一个非常关键时期。全球进入一个经济增长低迷期、结构深度调整期、新技术革命酝酿期和全球治理结构、经济体系、金融体系改革重塑期。国内发展面临不平衡、不协调、不可持续的矛盾，以及经济增长下行压力和产能相对过剩的冲突比较突出，企业生产经营成本上升和创新能力不足，金融领域存在潜在风险。这种背景下机遇是潜在的，挑战是现实的。

18.1　区域经济面临多重"后"背景

(1) 后金融危机。2008年金融危机爆发以来，世界经济并没有出现"V"形恢复走势。未来，仍将会有波折和动荡，总体状态将不会太好，也不会太坏。这一状态一般认为少则3～5年，多则10年。不会太好的根本原因，在于导致金融危机发生的深层原因，即全球经济失衡短期难以消除，失衡的最突出的一个标志，是美国、欧盟等西方发达国家普遍赤字与中国、俄罗斯等新兴市场经济体巨额的盈余。只要这种失衡未有缓解，发达国家赤字得不到逆转，债务危机仍将不断，世界经济难以实现持续性增长。但世界经济也不会太坏，发生类似20世纪30年代大萧条。基本原因在于，世界经济已经已形成一个非正式的全球治理构架，大经济体之间的对话与政策协调对后危机世界经济具有稳定器作用，能够化解世界经济潜在隐患。

（2）后经济刺激。大力度的政府刺激政策已经过去，接下来将是淡化刺激时期。2008年以来，经济的逆势增长，主要依靠政府大力度刺激。金融危机引出的4万亿元乃至更大规模刺激性投资，短期内促成了经济超高速增长，但由此引发了诸多矛盾。最直接的是通货膨胀，深层次的是重复建设与效率损失。这些需要多年才能熨平。因此，接下来将不会再有大的刺激政策出台。就这个意义而言，国内宏观经济环境进入后刺激时期。这个时期的经济与贸易将经历结构调整，调整目的在于促成产业升级与经济发展方式的转变。

（3）“十八大”后：美欧日等主要发达经济体复苏持续乏力，中国出口难有大的起色，加之国内通胀压力明显减弱，在此背景下，党的十八大后的国内宏观经济政策将以稳健为主。2012年中央经济工作会议提出，2013年经济工作总体要求是以提高经济增长质量和效益为中心，稳中求进，进一步深化改革开放，进一步强化创新驱动，加强和改善宏观调控，积极扩大国内需求，加大经济结构战略性调整力度，增强经济发展的内生活力和动力，实现经济持续健康发展。

党的十八大之后，最大的变数是改革，改革的再启动意味着区域经济发展旧模式面临重构的机遇。

18.2 江阴市实现更长时期平稳较快发展的挑战

分析挑战是为了更好地应对，更好地抢占先机。后危机时期掩藏着产业与区域发展重新洗牌的机遇，是创新转型的战略机遇期。

（1）挑战之一：稳健增长压力较大。全球经济仍处于危机后的调整期，有效需求不足的矛盾仍将较为突出。在此背景下，为了保持经济的稳增长，将会继续三方面的依赖。一是对投资驱动的依赖。在外需难以恢复，内需疲弱的状况下，为了完成上级下达的指标要求，必然延续对投资的依赖，尤其政府性投资的依赖。二是对大企业的依赖。在以经济总量增速为主导的考核模式下，政府对大企业、大项目的支持来得有力、直接和迅速，大企业、大项目也容易推动较快的增长速度。从长期可持续发展而言，对中小企业的支持有利于经济形成消费和第三产业主导的经济结构，有利于扩大就业、提升就业质量以及社会稳定。三是对传统“厚重长大”产业的依赖。2000年以来，江阴市重化工业发展加快，目前占比较高。重化工业是资本密集型产业，后续的企业规模扩大和技术升级是发展的必然趋向，但过度依赖重化工业的发展将带来相关的“挤出效应”。

（2）挑战之二：结构优化任重道远。经济的稳健与否关键取决于结构优化。当前江阴市经济结构优化任务，一是产业结构优化。2012年江阴市三次产业比例预计是1.8∶57∶41.2。从国际标准看，江阴市人均GDP达到中等发达国家水平，但国际上48个中等收入国家平均服务业增加值占比为61%，远高于江阴市。产业结构偏重，目前重轻工业占比约为66.4%和33.6%，重工业是轻工业的近两倍。二是空间结构优化。世界经济的空间图景愈来愈呈现为“城市群”和“产业群”主导的集聚格局。区域经济的增长极和创新极需要强化集聚形态来加以提升和融入全球经济。源于历史上江阴市社队工业和乡镇企业兴起的原因，经济空间结构分散性较为突出。目前，江阴市首位板块的经济总量占全市的份额为19.6%左右，土地面积占全市19.9%。相同情形，昆山比江阴市分别高36.6个百分点和低8.8个百分点。

（3）挑战之三：创新驱动亟待增强。创新驱动的关键量化指标是发明专利。2011年，江阴市授权发明专利259件，增长10.7%，低于全国17.2%的增速水平，与同期昆山授权发明专利 463 件，增长 81.6%的情形相比，差距较大。从影响全要素劳动生产率的技术装备投入来看，江阴市的进展也不容乐观。2012 年 1～11 月，江阴市固定资产抵扣税总量达 12.8 亿元，下降 38.2%。同期昆山达 23.6 亿元，下降 2.0%，张家港达 15 亿元，下降 19.1%，常熟达 17.7 亿元，增长 16.8%。

（4）挑战之四：产业资本调整加快。在增长复苏乏力的后危机时代，国际产业资本投资出现新态势，长三角也出现新动向。国际上，发达国家出现了“再工业化”和“制造业回归”浪潮，并催生出“第三次工业革命”，新兴经济体国家墨西哥、越南、印尼等成为接纳发达国家和跨国公司产业转移的新阵地。长三角地区，核心地带的传统产业加速向低成本的边缘乃至中西部地区转移，近两年来，江阴市的纺织、化工、金属制品和低端装配制造业势苏北、安徽和中西部转移较为明显，后期仍有加速迹象。这两个趋势喻示我们一方面产业资本“引进来”的难度在增加，另一方面内部产业资本“走出去”的速度在加快。如果未来几年江阴市制造领域流向低成本地区，研发和设计领域流向大都市，那么江阴市产业空心化问题就会显得相当严峻。

（5）挑战之五：财政平衡难度加大。近年来，随着支出需求不断增加，江阴市公共财政预算支出保持了较快增长，收入与支出的增速差距有所扩大。短期，收入增加少而支出增加多的矛盾较难逆转。2012 年 1～11 月，江阴市完成公共财政预算支出 133.2 亿元，增支 28.3 亿元，增长 26.9%。与此同时，财政收入增长后劲不足，2012 年 1～11 月公共财政预算收入累计入库 149.4 亿元，增长 9.1%，其中税收入库 124.3 亿元，增长仅 2.1%。未来，随着国民经济增速的放缓，财政增收缺少内生动力，财政收支平衡的难度将会增加。

18.3 推进经济转型创新的对策建议

今后几年，发展中的两难和多难矛盾将会较多，经济发展

“稳中求进”与“转型创新”目标之间既有衔接，也有冲突，需要在两者之间寻求协调和突破。从转型创新的视角来看，江阴未来挑战较大、较多，而且转型创新是一个慢变量，需要我们调整思路，着眼长远，坚持不懈。

（1）在投资驱动与创新驱动中寻求协调。在稳增长依然是主基调的背景下，通过稳投资来防止经济增长出现趋势性下滑，是当前必然选择。但在过去相当长时期，从中央到地方都偏向采用政府投资刺激计划类型的短期稳增长思路，造成很大程度的经济结构“锁定”效应以及产业结构优化升级能力的缺失。因此，要优化投资结构和提高投资效率，要坚持技术改造和技术创新相结合，积极引导企业投资方向和投资行为，注重增大对人力资本和研究开发的投入，注重增大对关键设备、核心技术和增值环节的投入。鼓励企业利用增值税转型改革和人民币升值的有利条件，扩大引进国外先进设备。要全力推进符合转型升级方向、体现可持续发展要求的重大项目建设。要紧抓机遇激发民营投资活力，引导更多的社会投资投向战略性新兴产业、现代服务业、科技创新、生态环保等领域，推进由投资驱动转向创新驱动。

（2）在外资引入与内资扩展中寻求平衡。如果产业资本的“引进来”和“走出去”失去平衡，产业空心化的危机就会凸显和加深。江阴新一轮发展的显著特征是经济转型升级。经济转型升级，是一个“退低进高”的过程，意味着对传统模式的扬弃，对路径依赖的突破，既带来发展方式相对粗放的一些传统产业的萎缩，是原有的经济增长点对发展的支撑作用逐步弱化，又需要培育和发展高质量的新经济增长点来支撑新一轮发展。培育和发展新的经济增长点，很大程度上要依靠招商引资，依靠招商引资调整优化需求结构、产业结构、要素支撑结构，依靠招商引资引进新的产业、企业、项目，依靠招商引资引进新的理念、文化、技术和人才。

江阴民营资本“走出去”步伐的加快将是今后几年不可避免的大趋势。一方面可以合理把握节奏，鼓励支持低端环节转移，为腾笼换凤创造空间；另一方面要更加重视引导和激励企业的研发设计国际化、品牌管理国际化、人力资源国际化，为内生产业的持续转型升级奠定雄厚实力。这需要在推进产业走向高端、高附加值的同时，营造更强的富有创新创造文化氛围的地方网络优势。

（3）在开放融合与内生动力中寻求结合。区域经济的转型升级需要全球化与地方化互动联结的战略视野。区域发展高度越来越取决于嵌入全球化网络中的关联结构，这不仅仅取决于经济关系，还受多种多样的非经济关系，包括广泛的社会、政治、文化过程，甚至虚拟空间过程影响。在推进转型升级过程中，不仅要考察已有的经济关联结构，而且要洞察全球关联结构中的多元性，主动建构转型升级的关系资产，并在融入高能级的网络化节点空间中互动并进、提升提高。在具体政策操作层面，围绕企业、科技、文化、政治和市场组织等方面，我们可从4层空间结构关系中寻求突破，第一层是近域性的城市联盟，包括体制内与无锡都市圈和与临近的靖江、张家港的联动；第二层是融入长三角；第三层是全国和亚洲，尤其中国台湾地区、韩国和日本的关联建构；第四层是与全球关键节点国家地区的关联建构。

外部力量的驱动需要依靠内部力量的整合起作用。全球化时代，没有凝聚性的地方被动嵌入全球关系，从而会沦落为逐底式贫困化发展。在旧模式下，政府主导了经济和社会的发展，“像指挥军队那样”去干预产业、企业和社会组织。显然，这种发展模式不能持续，也必将在改革新政的推进下走向式微。新的区域发展范式正在确立中，可以预期的是将更多地从政府一极主导向政府、市场和社会三极互动转变，更多地依靠政府力、市场力和社会力的协调来实现区域整合，更多地支持针对地方的、长期的和基于多元主体互动的政策行动，更多地赞成自下而上的、能够动员内生发展潜力的集体行动，政策着力点更多地关注“合作网络”和集体认识、行动。

（4）在制度创新与管理提升中寻求突破。区域发展与制度变迁是共同演进、相互推进的。“制度就是社会全体成员一致同意的行为规则”，而“政府可以采取行动来矫正制度供给不足”（林毅夫）。因此，在宏观改革重启、江阴市仍面临体制性制度瓶颈约束的情况下，需要寻求正能量，发挥能动性，积极谋划改革红利，谋取制度创新的区域优势。要加快调整政府管理与服务方式，力争在法治环境、多元文化、重大公共政策的社会参与和民主决策、公权力制约和政府透明、社会诚信、人才成长环境、资本流动、全新的公共服务等方面先行突破，在更高层面激发城市活力，提升竞争力和软实力，推动江阴率先争先、勇立潮头，当好科学发展的先行者。

参考文献

[1] 苗长虹，魏也华. 新经济地理学. 北京：科学出版社，2011
[2] 何东霞. 中国经济变迁的演化模式. 2012年演化经济学年会论文集
[3] 赵伟. 区域层面须正视三个“后”背景，http：//zhedazhaowei. blog. 163. com
[4] 赵伟. 区域经济遭遇多重“后”背景，http：//zhedazhaowei. blog. 163. com

（本文主要是经济形势分析，理论视角与实现应对相结合。文章发表于《宏观经济观察》2013年第4期。）

19 后危机时代中国沿海发达县市区的发展演进探析—— 以江阴、昆山、义乌、晋江、南海、顺德为例

摘要：本文首先通过构建模型，提出区域发展“路径依赖”和“路径创新”的成因假想，并指出“路径创新”是实现区域经济平稳持续发展的保证。文章通过2007年以来核心经济数据的分析，比较了中国沿海发达县市区江阴、昆山、义乌、晋江、顺德和南海经济发展的差异。6个案例分为3组：一是义乌和晋江经济增长最平稳强劲；二是昆山和江阴增长的波动较大；三是南海和顺德增长的波动较小。然后采用构建模型进行差异原因分析，并一一进行了评析。最后，围绕分析模型对沿海发达县市区的转型创新提出了建议。

关键词：HEN模型；预期；新奇；路径依赖与创新

2008年全球金融危机以来，欧美在经历了巨大波折后开启了新一轮发展周期。国内在2008年金融危机爆发后实施了一系列行政化刺激举措，结构调整和转型创新挑战巨大。2012年年末以来，国内启动新一轮改革创新和发展转型。在此宏观背景下，本文通过构建解析模型，回顾过去，展望未来，分析中国沿海发达县市区在发展上呈现出的相似性与差异性及其原因，以启迪未来的战略选择。

19.1 区域经济演化分析模型的构想

演化经济学的基本特征之一是以达尔文主义为理论基础，以达尔文进化论的三种机制（遗传、变异和选择）为演化经济学的

基本分析框架[1]。受此分析框架启发，我们提出区域经济转型创新的演化分析模型，即“历史——期望——新奇”分析模型(History—Espect—Newness，简称“HEN”模型)。

现实是在“历史”和“期望”之间竞争[2]，“新奇”的把握决定了“变异”的成功与否、决定了“期望”的实现。分析模型中“历史”分析重在其企业结构和产业结构；“期望”分析侧重于其战略规划、战略定位；“新奇”分析侧重于新战略、新平台、新政策、新产业、新惯例等等。本文认为如果一个地方“历史”的稳定力强，“期望”与“新奇”的改变力弱，则会增强“路径依赖”，相反情况，“路径创新”就会强。我们尝试以这样的简约框架分析沿海发达县市区在2007年以来区域经济的演进以及未来发展趋势。这些县市区分别是：广东南海、顺德，福建晋江，浙江义乌以及江苏江阴、昆山。图19-1为后危机时期区域经济演化分析“HEN”模型。

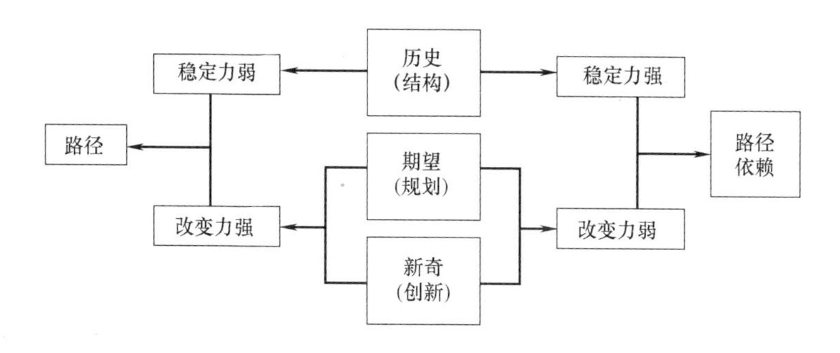

图19-1　后危机时期区域经济演化分析“HEN”模型

19.2　后金融危机沿海发达县市区主要经济指标表现及评析

(1) 近7年来主要经济数据分析

2007～2013年，沿海6个典型发达县市区“地区生产总值”

增速都经历了较大幅度的调整，整体平均下调了 9.6 个百分点。进一步分析可以注意到：下调幅度最小的是晋江，仅下调了 3.6 个百分点；下调幅度最大的是昆山，下调了 20.3 个百分点；江阴、顺德、义乌比较接近，在 6～8 个百分点，下调相对缓和。图 19-2 为 2007～2013 年沿海 6 县市区地区生产总值增幅比较。

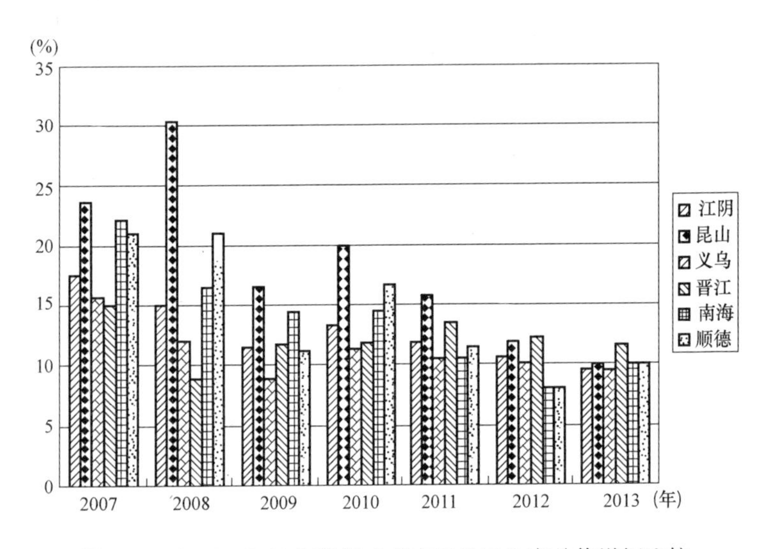

图 19-2　2007～2013 年沿海 6 县市区地区生产总值增幅比较

注：2007～2012 年数据根据各地统计公报，2013 年数据为各地年终预测值。

图 19-3 为 2007～2013 年沿海 6 县市区工业用电增幅比较。

分析 2007～2013 年 6 个沿海发达县市区“出口额”增幅，主要有三个特征：1）7 年间普遍增幅为先高后低，义乌和晋江例外，近 4 年增幅高于前 3 年，且持续增长性较强——没有出现负增长；2）7 年来，6 个县市区中义乌和晋江的平均增幅最高，义乌平均增幅 42.9%，晋江平均增幅 34.8%；3）从近 3 年来看，平均增幅最高的是义乌（71.9%），其次晋江（43.4%），昆山最低（0.9%），江阴（5.9%）落后于顺德（11.6%）和南海（12.9%）。

从出口数据来看，沿海 6 个县市区基本可分为 3 类：1）义

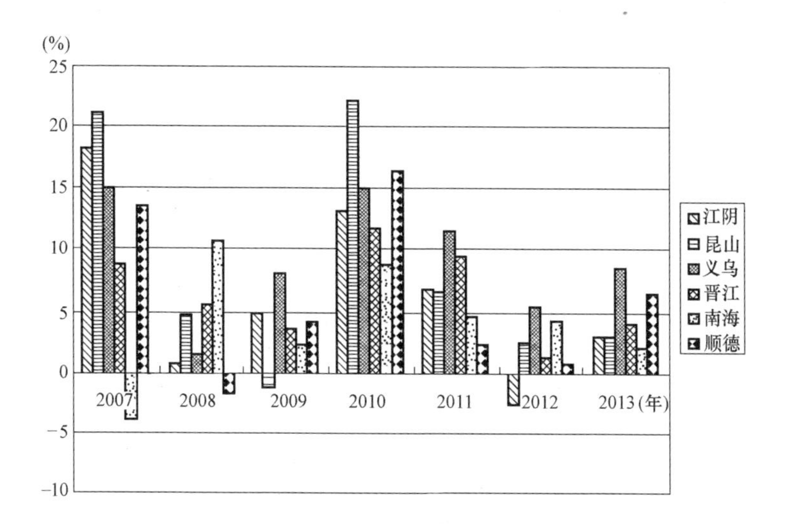

图 19-3　2007～2013 年沿海 6 县市区工业用电增幅比较

注：2007～2012 年数据根据各地统计公报，2013 年数据为各地公开发布数据。

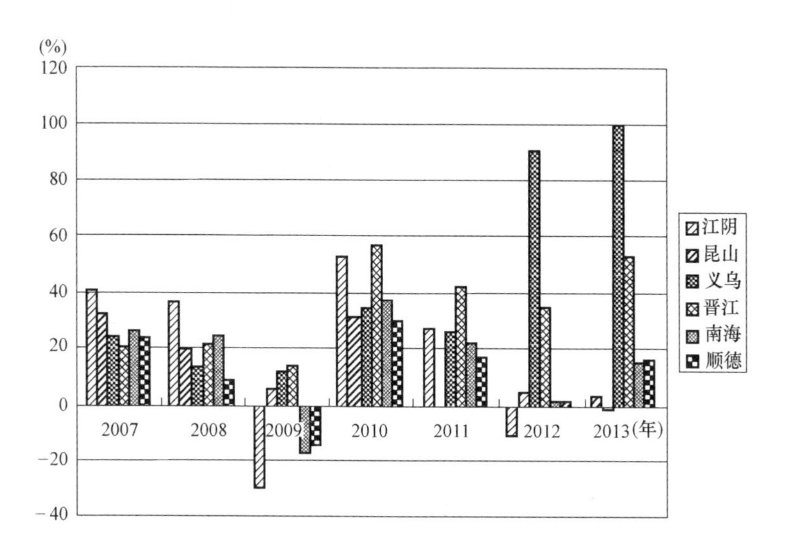

图 19-4　2007～2013 年沿海 6 县市区出口额增幅比较

注：2007～2012 年数据根据各地统计公报，2013 年数据为各地公开发布数据。

乌、晋江保持了平稳、持续增长；2）南海、顺德相对平稳；3）昆山、江阴波动较大。图19-4为2007～2013年沿海6县市区出口额增幅比较。

综合以上3个主要数据，发现义乌、晋江保持了较好的增长持续性，而江阴和昆山的波动较大，顺德、南海的波动相对较小，处于中间水平。是什么原因产生这样的发展差异？又有什么启示？我们试作以下分析。

(2) 基于“HEN”模型的案例评析

1）为什么义乌和晋江经济增长最平稳强劲？

金融危机以来，义乌和晋江的经济运行都出现了一定的调整，尤其在经济指标的增幅方面表现明显，但义乌和晋江和一些地方相比这种调整的幅度相对较小，经济的波动幅度较小，一些指标主要是出口甚至出现了逆势增长。

第一，解析义乌

义乌经济特点是利用市场先发优势和集聚功能，发展以生活类小商品流通为主的商贸业，扩大经营规模，并向制造业等领域扩张，实现市场与产业联动发展，推进区域经济工业化、城市化和国际化的进程。由此不难理解，义乌的服务业占比较高，达55.8%（在沿海6县市区案例中占比最高）。

义乌的战略定位是“建设国际商贸特区”。沿着这一发展“路线”，2011年3月4日，义乌争取到了国务院发文批复《浙江省义乌市国际贸易综合改革试点总体方案》。这是继国家设立9个综合配套改革试验区之后、经国务院批准设立的又一个综合改革试点，也是全国首个由国务院批准的县级市综合改革试点。试点实行后的2012年至2013年两年间外贸出口增幅大幅提升，分别增长90.1%和102%，政策效应显著。2012年自营出口90亿美元，其中试行市场采购贸易方式出口49亿美元；2013年实现出口182亿美元，其中市场采购贸易方式出口133.5亿美元。

第二，解析晋江

晋江经济特征归结为三句话：主导产业集群化，集群产业品牌化，集群企业资本经营国际化带动市场国际化。晋江的主导产业是制鞋业和纺织服装业，晋江有着“中国鞋都”、“世界夹克之都”的美称，全市拥有“中国驰名商标”、“中国名牌产品”等企业品牌130项，位列全国县级市首位。

晋江主导产业沿着“品牌化”路径发展演变的过程中，在2009年后出现了新的显著“分叉”，即出现企业上市潮。截至2014年1月，晋江已有海内外上市企业41家，其中海外上市约有一半数量。晋江企业通过品牌和资本的国际化发展，推动了产业市场国际化，全市出口出现了快速增长，2013年1～10月，全市自营出口52.3亿美元，增长71.1%，增幅分别高出全国、全省、泉州市平均水平63.3、60.8、38.0个百分点。从出口商品看，区域主导产业占据主导地位，鞋出口11.29亿美元，增长65.8%；服装出口11.15亿美元，增长53.8%。

义乌、晋江的主导产业都是生活必需品，因此在此轮金融危机中市场需求的波动较小。在品牌化、国际化力量的作用下，增速较快。晋江占比达规模以上工业产值50%左右的制鞋和纺织服装业从2007年至2012年持续增长，平均增幅为18.6%和25.8%。主导产业本身市场需求波动小，加以出口强劲，这两点是义乌、晋江经济在此轮危机冲击下依然保持较快增长的重要原因。

2）为什么昆山和江阴增长的波动较大？

昆山和江阴经济都是制造业主导，且经济体量大。2013年两市的地区生产总值分别达到2920亿元和2706亿元（同期其他4个案例县市区分别是：晋江1355亿元，义乌883亿元，顺德2545亿元，南海2172亿元）。昆山以台资电子企业集聚而著称，江阴经济特征是产业多元化、民企强、上市公司多。此轮经济调整中，为何6个案例县市区中昆山和江阴的经济波动最大？主要是产业特征、发展战略定位和新奇机遇3个方面所规定的，后两个因素是“慢变量”，规定今后一段时期的发展演变。

第一，解析昆山

昆山 IT 产业集群已经形成千亿级规模（通信设备、计算机及其他电子设备），2012 年实现产值 4861.98 亿元，占昆山规模以上工业产值比重为 63%。2007 年至 2013 年，昆山规模以上工业企业“通信设备、计算机及其他电子设备业”产值增长分别是：29.1%、36.2%、26.5%、23.5%、11.1%、11% 和 2.6%。显然，主导产业的增速下调是昆山整体经济波动的主要原因。

近年来，昆山在产业转型和区域创新发展有诸多突破，如 2013 年“深化两岸产业合作试验区”获国务院批准，花桥经济开发区获批国家现代服务业综合试点。但转型升级是一个长周期的过程，昆山的电子产业以台资产业转移为主，产业布局是“松脚型”，而在推进产业扎根、培育新兴产业和增长极方面显然不会在短期奏效，因此在此轮调整中依然波动较大，但后期昆山的发展后劲的发挥令人期待。

第二，解析江阴

江阴是制造业大市、强市，制造业的前四大行业依次是：黑色金属冶炼和压延加工业；纺织、纺织服装和服饰业；电气机械和器材制造业；化学原料和化学制品制造业。这四大行业产值占规模以上工业企业产值 56.9%，2013 年四大行业的产值增幅分别是：−0.1%、4.8%、12.5%和−0.8%。由此可见，“主导产业”的不给力是经济波动的主要原因。

改革开放以来，江阴的发展可以简单归结为三次浪潮，第一波是 20 世纪 80 年代乡镇社队工业起步早，赢取“先人一步”的发展红利；第二波是 20 世纪 90 年代中后期以后实行股份制改革、企业上市、发展壮大民营企业，赢取新的发展红利；第三波是 2000 年以后，依托沿江资源发展重化工业，“长江红利”持续释放（包括靖江和江阴的两岸联动开发），在此过程中与“资本经营（企业上市）”红利相叠加，民营企业做大做强，发展活力充沛。但 2005 年之后，江阴在形成新的优势，释放新的红利方面比较局限，而且产业经济的战略定位也较为模糊，突破性的改革创新与昆山、义乌相比显得薄弱，集中表现为获得“国字号”的改革试点少，突破性地获取资源的能力弱。

3）为什么南海和顺德增长的波动较小？

南海、顺德位于广佛都市圈核心区，制造业发达，是广东“专业镇（产业集群）”的集聚高地。

第一，解析南海

南海制造业发达，有深厚的历史底蕴，区内大沥的“铝型材产业集群”和西樵的“纺织服装产业集群”是重要的传统产业基地，近年来新兴产业发展迅速，汽车产业和电子信息产业成长为支柱产业，都市型产业金融服务、生产性服务业随着“金融高新区”的推进得到迅速发展。

南海的工业制造业主要有4大行业（2007年排位前4大行业），这4大制造业2007～2012年间除“电气机械及器材制造业”外增长均有一定的波动，且波动幅度较大。是什么原因相对“熨平”了经济增长的波动呢？主要是新兴的发展力量发挥了一定的“替代”作用。表19-1为2007～2012年南海四大制造业的增加值增幅。

2007～2012年南海4大制造业的增加值增幅　　表19-1

行　业	2007年	2008年	2009年	2010年	2011年	2012年
(1)有色金属冶炼及压延加工业	24.8%	12.2%	-15.6%	11.1%	5.0%	11.1%
(2)金属制品业	29.6%	16.7%	25.5%	-14.6%	15.4%	9.6%
(3)电气机械及器材制造业	45.5%	28.6%	11.4%	5.9%	10.7%	7.6%
(4)非金属矿物制品业	21.2%	9.3%	22.4%	-25.3%	16.2%	3.5%
总量占比	44%	41.1%	38.4%	36.2%	42.1%	39.1%

从2013年数据来看，“计算机、通信和其他电子设备制造业”成长为支柱产业，产值排序第二位，新兴产业“汽车制造业”总量做大，增长迅速，已成为重要经济支撑。2013年1～9月，南海制造业产值排序和增速如下：有色金属冶炼及压延加工

业完成产值 428.32 亿元，同比增长 10.5%；计算机、通信和其他电子设备制造业完成产值 334.28 亿元，同比增长 10.5%；金属制品业完成产值 283.15 亿元，同比增长 9.0%。汽车制造业（含汽车零部件及配件）完成产值 147.91 亿元，同比增长 23.6%。

第二，解析顺德

顺德对自身的定位是“现代产业之都”，“家电”和“家具”两大产业集聚集群发展水平较高，“顺德家电”为全国首个区域集体商标。根据统计，顺德制造业共有 8 大行业，从 2008～2012 年这 8 大行业产值增幅数据来看，只有“电子通信制造业”、“印刷包装业”和“医药保健制造业”有负增长情况，其他增幅虽有调整但都能保持正增长。正是主导产业的发展态势奠定了此轮危机冲击中顺德经济起伏相对较为和缓。表 19-2 为 2008～2012 年顺德 8 大制造业行业产值增幅。

2008～2012 年顺德 8 大制造业行业产值增幅　　表 19-2

	2008 年	2009 年	2010 年	2011 年	2012 年
规模以上工业总产值	—	—	21.9%	15.4%	9.8%
家用电器制造业	18.2%	8.0%	33.6%	8.5 %	8.2 %
机械装备制造业	33.9%	26.3%	15.7%	38.7 %	21.8 %
电子通信制造业	39.9%	−14.4%	−4.3%	−12.9 %	−1.9%
纺织服装制造业	15.4%;	22.9%	13.4%	13.3 %	1.1 %
精细化工制造业	119.7%;	14.5%	8.3%	11.7%	14.9%
家具制造业	38.3%	9.3%	19.8%	22.5 %	3.8 %
印刷包装业	34.2%	48.5%	5.7%	−3.4 %	−5.9 %
医药保健制造业	−81.6%	−16.1%	10%	−6.4%	4.7%

4）基于“HEN”模型的 6 县市区发展演进解析

此轮金融危机之前，6 个发达县市区的产业经济分别形成了各自发展特色：江阴以民营大企业、大集团多，上市公司多而著称；昆山以台资企业集聚高地和电子信息产业集群发展著称；义乌以国际小商品市场著称；晋江以运动鞋、夹克产业集群著称；南海和顺德以“专业镇”发展著称，顺德的家电、家具集群化水平高，南海是铝型材和纺织服装集群化水平高。

在战略定位（发展期望）方面，通过比较发现区域首位产业集聚集群发展水平高的地区，市场化的“自发定位”、“自我期待”力量强，寻求、把握改革政策机遇和自我突破的力量也强。这一点在义乌、昆山、晋江三县市表现最为明显。而江阴、南海、顺德的产业经济虽然存在专业化、集群化力量，但从整体看产业多元化，缺乏“一枝独秀”的力量。这给产业与区域经济发展的自我期待带来了战略方向选择的分散，甚至“迷茫”。

义乌和晋江的案例显著说明了演化经济学的“历史重要原理”。义乌沿着市场发展的路径，自身“战略定位”为“国际商贸特区”，近年来在遇到体制机制瓶颈时，通过“国际贸易综合改革试点”，成功地抓住了“新奇”发展机遇，实现了新的突破，

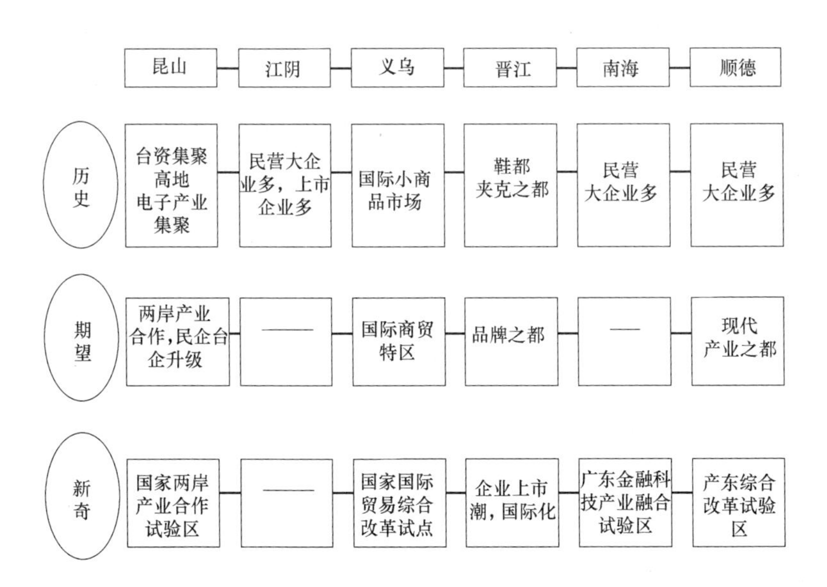

图 19-5　沿海 6 县市区“HEN”模型分析

成功抵御了金融危机的影响冲击。

晋江的发展沿着鞋业、服装产业集群演化的历史路径不断“推陈出新”。先是在“品牌化”取得大的跨越，继而在“资本市场”实现集体性的突破，从而推动了区域性产业转型升级。晋江战略定位的成功集中体现在“品牌之都”。近年来的新奇机遇集中体现在“企业上市”。正是“品牌红利”和“企业上市红利”的形成与释放，推动了晋江经济的活力，增强了发展的动力。图19-5为沿海6县市区“HEN”模型分析。

19.3 基于“HEN”模型分析的中国沿海发达县市区转型创新的思考

金融危机以来，中国沿海发达县市区的经济发展态势既存在一致性——整体增速的调整，又存在地区差异性。产生这些差异的原因是什么？本文以一种“简约”的视角分析认为，一是历史格局，路径依赖的力量，二是认为创造新奇、紧抓新奇机遇，路径创新的力量。在这两者之间是“自我期待”、“战略定位”起着转化、推进的作用。

中国沿海发达县市区是中国民营经济发展最充分、经济市场化最发达的地区。更大程度地推进地方自主发展、自主创新，才会诱发新一轮区域经济转型创新的新浪潮。

(1) 遵循“历史重要原理”

过去的历史积淀对未来发展有着制约作用。任何一个地区发展所处的环境都是上一个历史发展阶段的产物，它们为下一步提供了出发点。因此，演化经济学家们主张任何经济问题的分析包括经济政策都应该是情境和脉络特定的。这些意味着地方发展政策、战略选择必选从当地实际出发，这些实际包括了“经济结构(类型)”、“产业组织”、“社会规范”、“文化遗产”、“传统”和“惯例”等等。

相对于晋江、义乌和昆山而言，顺德、南海和江阴是具有更为丰厚历史底蕴的“老”产业区，产业多元、脉络多元、新旧交替复杂，因此，如何把握“继往开来”、“吐陈纳新”，难度就要大些、复杂些。这其中，因为广东顺德、南海地处开放前沿，具有改革创新的先发优势，加以融入“都市圈”，所以面向未来的调整力量比较强劲，战略选择拥有更多弹性空间。

（2）明晰“期望”，推进战略规划定位

区域发展是由历史路径、当前情境和对未来的期望所共同决定的。由“期望”所凝聚的“战略规划定位”是推动区域内外发展的驱动力，这样的“期望”和“战略规划定位”决定了多大程度上调动起主观能动性，并紧抓“新奇”发展机遇，引入或创新组合“新奇”发展力量，从而实现区域发展路径的创新。

在区域发展“期望”和“战略规划定位”上，“新区域主义”在质量型经济政策方面提供了富有价值的启示，主要是3个方向。一是推进“集群与地方合作经济”。集群产业竞争优势的获取，非常依赖于由各种横向与纵向关联网络所组成的地方合作经济，而企业创新文化的培育、企业之间的学习与互惠关系的培育、部门专业组织与其他支持组织的培育，对合作经济的形成都特别重要；二是推进“学习与调整能力”。新区域主义认为“学习”是区域竞争力的核心因素、根本来源。富有“学习能力”的区域，能够及早对多变环境进行预期并积极主动地进行自我调整；三是推进“社会资本供给”。以民主、信任、互惠等为核心的社会资本供给（制度供给），既能够促进合作经济的形成和区域学习能力的提高，又能及早预见和抵抗市场风险。但社会资本的积累对地方政府提出了更高的要求，因为其既依赖于区域发展自主权的扩大，地方决策的透明化、分散化与民主化，同时也依赖于区域包容性和认同感的加强，公众对公共决策主动参与精神的培养等等。

(3) 紧抓“新奇”力量

演化经济学所关注的焦点之一是“新奇”的突现、扩散及其由此所导致的已存结构的转变。义乌、昆山的发展利用业已形成的市场化集群力量，抢抓和赢取了新的发展机遇，实现了发展的地区突破，成为全国试点示范，带动区域经济的转型创新。尤其昆山，复合叠加融入上海都市圈的力量，转型创新的后劲较强，这在今后更长时期内将会释放明显。南海、顺德是从2009年以来利用自上而下的强力推进改革创新的机遇，实现了地区发展突破，推动了发展战略定位的明晰，激活和塑造地区活力。目前，晋江、江阴虽然在企业上市方面走在全国发达县市区的前列，地区的民营经济发展实力和活力较为显著，但在获取省级、国家级层面的创新试点、示范方面显得相对不足，地方自主性、能动性发展受限较为明显。

综上，我们认为区域经济发展差异的成因可以简约归结为三种力量所塑造：历史的力量、定位的力量和新奇的力量。历史的力量是由一个地区的产业结构、产业组织、地理区位、地域文化等等综合而成，历史力量强大形成路径依赖。定位的力量，是想象、期待的力量，是借助历史，抢抓未来的力量。这是政府可以积极作为的方面，是加强战略规划引导方面的工作。新奇的力量，是新的产业、新的政策机遇、新的组织、新的平台等等，新奇的力量强，路径创新的力量就强。

参考文献

[1] 贾根良. 演化经济学的综合：第三种经济学理论体系的发展[M]. 北京：科学出版社，2012
[2] 米罗斯拉夫·N·约万诺维奇. 演化经济地理学—生产区位与欧盟[M]. 北京：经济科学出版社，2012
[3] 昆山市统计局. 昆山统计年鉴2007～2012[R]. 苏州：昆山统计局
[4] 江阴市统计局. 江阴统计年鉴2007～2012[M]. 北京：中国统计出版社
[5] 义乌市统计局. 义乌统计年鉴2007～2012[M]. 北京：中国统计出

版社
[6] 晋江市统计局. 晋江统计年鉴 2007～2012 [M]. 北京：中国统计出版社
[7] 顺德区发展规划和统计局. 顺德统计年鉴 2007～2012 [M]. 北京：中国统计出版社
[8] 南海区发展规划和统计局. 南海统计年鉴 2007～2012 [M]. 北京：中国统计出版社
[9] 苗长红等. 新经济地理学 [M]. 北京：科学出版社，2011

（本文试图以演化经济学来分析区域经济在金融危机以来所发生的差异，并探讨性地提出了分析模型。文章是首都师范大学召开的“首届创新地理学学术研讨会”交流论文。）

20　2007 年以来江阴与沿海发达县市区的比较及思考

摘要：本文通过 2007 年以来核心经济数据的分析，比较了中国沿海发达县市区江阴、昆山、义乌、晋江、顺德和南海经济发展差异，并提出江阴经济转型创新的对策建议。

关键词：后危机时期；江阴；区域比较；转型创新

2007 年以来，江阴市与沿海发达县市区都经历了“国际金融危机”的冲击，所面对的机遇挑战具有相似性。在后危机时期，各地的企业、产业和区域发展分化将会加快。在此背景下关注和思考江阴市与沿海典型发达县市区的发展差异将有助于我们“登高望远”、“攀高比强”中明晰发展路径、挖掘潜在能量。

20.1　2007 年以来江阴与沿海典型发达县市区主要经济指标表现

2007～2014 年，江阴市和沿海典型发达县市区昆山、义乌、晋江、顺德、南海等地的“地区生产总值”增速都经历了较大幅度的调整，整体平均下调了 10.4 个百分点。进一步分析可以注意到：下调幅度最小的是晋江，仅下调了 5.3 个百分点；下调幅度最大的是昆山，下调了 22.6 个百分点；江阴、顺德、义乌比较接近，在 6～12 个百分点，下调相对缓和。图 20-1 为 2007～2014 年沿海 6 县市区地区生产总值增幅比较。

“工业用电”和“自营出口”是两大核心可比较数据。2007 年至 2014 年间，6 个沿海发达县市区“工业用电”从平均值变

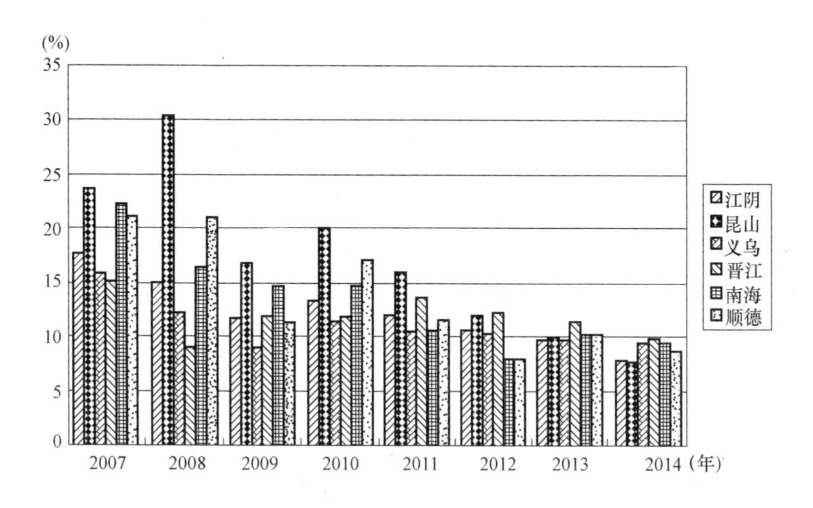

图 20-1　2007～2014 年沿海 6 县市区地区生产总值增幅比较

动来看，起伏很大，平均值最高是 14.5%，最低是 1.7%，相差 12.8 个百分点。2007 年除南海出现负增长外，其余 5 县市区都是较高幅度增长，其中昆山增幅达 21.3%，其次江阴市达 18.3%。到 2014 年，6 个地区全部是个位数增幅（其中最高增幅是顺德 8.4%，最低是江阴 0.2%）。从个体来看，增幅起伏度最大的是我市，起伏幅度达 21.1 个百分点，其次昆山，达 20.7 个百分点，增幅起伏度最小的是晋江，起伏幅度 10.7 个百分点，其次义乌 14.2 个百分点。图 20-2 为 2007～2014 年沿海 6 县市区工业用电增幅比较。

分析 2007～2014 年 6 个沿海发达县市区出口额增幅，主要有 3 个特征：（1）8 年间大部分增幅为先高后低，义乌和晋江例外，近 4 年增幅高于前 3 年，且持续增长性较强——没有出现负增长；（2）8 年来，6 个县市区中义乌和晋江的平均增幅最高，义乌平均增幅 47.3%，晋江平均增幅 37.1%；（3）近 3 年来，平均增幅最高的是义乌（73.4%），其次晋江（34.7%），昆山最低（0.2%），江阴市、顺德和南海分别是 3.9%、9.3% 和

9.1%。图 20-3 为 2007～2014 年沿海 6 县市区出口额增幅比较。

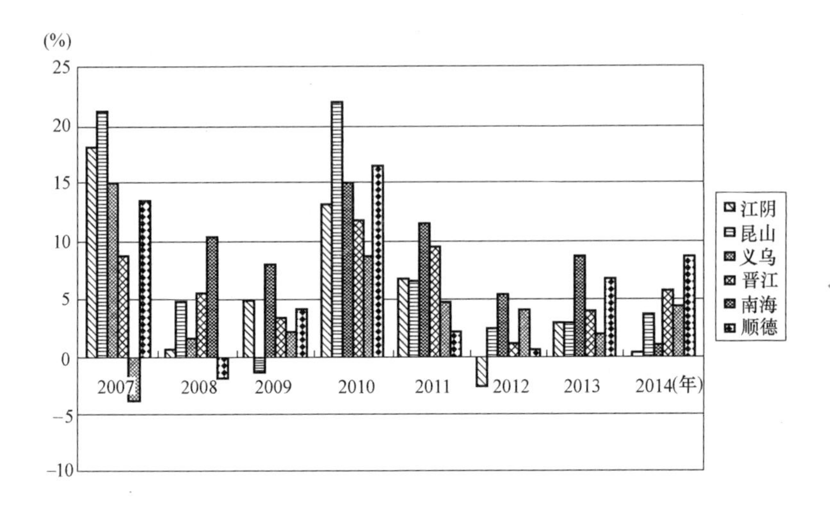

图 20-2　2007～2014 年沿海 6 县市区工业用电增幅比较

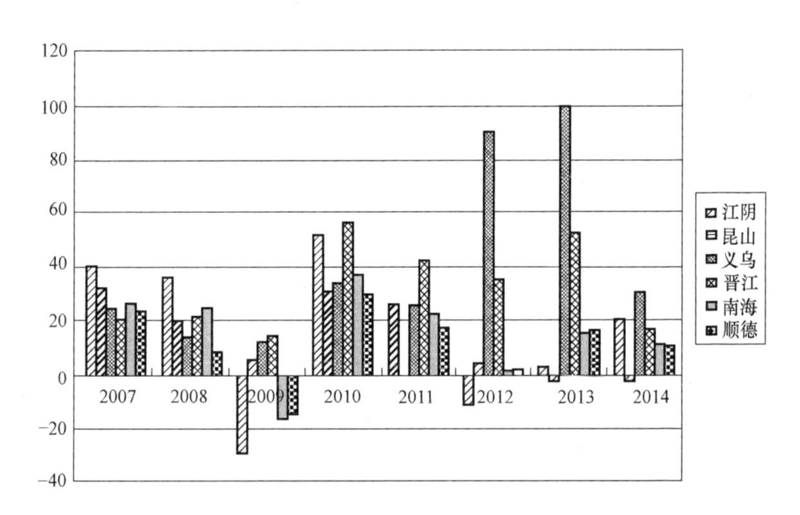

图 20-3　2007～2014 年沿海 6 县市区出口额增幅比较

综合以上3个主要数据，我们发现义乌、晋江保持了较好的增长持续性，而江阴市和昆山的波动较大，顺德、南海的波动相对较小，处于中间水平。是什么原因促成这样的区域发展差异？

20.2 2007年以来江阴市与沿海典型发达县市区发展差异成因探析

(1) 为什么义乌和晋江经济增长最平稳强劲

金融危机以来，义乌和晋江的经济运行都出现了一定的调整，尤其在经济指标的增幅方面表现明显，但义乌与晋江和其他四个案例地区相比调整幅度相对较小，近四年来，“出口”指标甚至出现了逆势增长。

1）解析义乌

义乌经济特点是利用市场先发优势和集聚功能，发展以生活类小商品流通为主的商贸业，扩大经营规模，并向制造业等领域扩张，实现市场与产业联动发展。由此不难理解，义乌的服务业占比较高，达55.8%（在沿海六县市区案例中占比最高，高于江阴市13个百分点）。

义乌的战略定位是“建设国际商贸特区”。沿着这一发展“路线”，2011年3月4日，义乌争取到了国务院发文批复的《浙江省义乌市国际贸易综合改革试点总体方案》。这是继国家设立9个综合配套改革试验区之后，国务院批准设立的又一个综合改革试点，也是全国首个由国务院批准的县级市综合改革试点。试点实行后的2012年至2013年两年间外贸出口增幅大幅提升，分别增长90.1%和102%，政策效应显著。2012年自营出口90亿美元，其中试行市场采购贸易方式出口49亿美元；2013年实现出口182亿美元，其中市场采购贸易方式出口133.5亿美元。

2）解析晋江

晋江经济特点主要为三方面：主导产业集群化；集群产业品牌化；集群企业资本经营国际化带动市场国际化。晋江的主导产业是制鞋业和纺织服装业，晋江有着“中国鞋都”、“世界夹克之都”的美称，全市拥有“中国驰名商标”、“中国名牌产品”等企业品牌130项，位列全国县级市首位。

晋江主导产业沿着“品牌化”路径发展演变的过程中，在2009年后出现了新的显著“分叉”，即出现企业上市潮。截至2014年1月，晋江已有海内外上市企业41家，其中海外上市约有一半数量。晋江企业通过品牌和资本的国际化发展，推动了产业市场国际化，全市出口出现了快速增长，2013年1～10月，全市自营出口52.3亿美元，增长71.1%，增幅分别高出全国、全省、泉州市平均水平63.3、60.8、38.0个百分点。从出口商品看，区域主导产业占据主导地位，鞋出口11.29亿美元，增长65.8%；服装出口11.15亿美元，增长53.8%。

晋江的主导产业是生活必需品，制鞋和纺织服装业占规模以上工业产值50%左右。因此，在此轮金融危机中市场需求的波动较小。加以在品牌化、国际化力量的作用下，制鞋和纺织服装业从2007年至2012年持续增长，平均增幅为18.6%和25.8%。这是晋江经济在此轮危机冲击下依然保持较快增长的重要原因。

(2) 为什么昆山和江阴增长的波动较大

昆山和江阴经济都是制造业主导，且经济体量大。2014年两市的地区生产总值分别达到2754亿元和2914亿元（同期其他四个案例县市区分别是：晋江1488亿元，义乌967亿元，顺德2764亿元，南海2376亿元）。昆山以台资电子企业集聚而著称，江阴经济特征主要是产业多元化、民企强、上司公司多。

1）解析昆山

昆山IT产业集群已经形成千亿级规模（通信设备、计算机及其他电子设备），2012年实现产值4861.98亿元，占昆山规模以上工业产值比重为63%。2007年至204年间，昆山主导产业“通信设备、计算机及其他电子设备业”规模以上工业产值增长分别是：29.1%、36.2%、26.5%、23.5%、11.1%、11%和2.6%。显然，主导产业的增速下调是昆山整体经济波动的主要原因。

近年来，昆山在产业转型和区域创新发展有不少突破，如2013年“深化两岸产业合作试验区”获国务院批准，花桥经济开发区获批国家现代服务业综合试点。但转型升级是一个长周期的过程，昆山的电子产业以台资产业转移为主，产业布局是“松脚型”，而在推进产业扎根、培育新兴产业和增长极方面显然不会在短期奏效，因此在此轮调整中依然波动较大，但后期昆山的发展后劲的发挥令人期待。

2）解析江阴

江阴市是制造业大市、强市，制造业的前4大行业依次是：黑色金属冶炼和压延加工业；纺织、纺织服装和服饰业；电气机械和器材制造业；化学原料和化学制品制造业。这4大行业产值占规模以上工业企业产值56.9%，2014年4大行业的产值增幅“两升两降”分别是：－0.1%、4.8%、12.5%和－0.8%。由此可见，江阴市“主导产业”在此轮经济调整中“遇挫”是经济波动的主要原因。

（3）为什么南海和顺德增长的波动较小

南海、顺德位于广佛都市圈核心区，制造业发达，是广东“专业镇（产业集群）”的集聚高地。

1）解析南海

南海制造业发达，有深厚的历史底蕴，区内大沥的“铝型材产业集群”和西樵的“纺织服装产业集群”是重要的传统产业基地，近年来新兴产业发展迅速，汽车产业和电子信息产业成长为支柱产业，都市型产业金融服务、生产性服务业随着“金融高新区”的推进得到迅速发展。

南海的工业制造业主要有4大行业（2007年排位前4大行业），这4大制造业2007～2012年间除“电气机械及器材制造业”外增长均有一定的波动，且波动幅度较大。是什么原因相对

“熨平”了经济增长的波动呢？主要是新兴的发展力量发挥了一定的“替代”作用。表 20-1 为 2007～2012 年南海 4 大制造业的增加值增幅。

2007～2012 年南海 4 大制造业的增加值增幅　　表 20-1

行业	2007 年	2008 年	2009 年	2010 年	2011 年	2012 年
(1)有色金属冶炼及压延加工业	24.8%	12.2%	-15.6%	11.1%	5.0%	11.1%
(2)金属制品业	29.6%	16.7%	25.5%	-14.6%	15.4%	9.6%
(3)电气机械及器材制造业	45.5%	28.6%	11.4%	5.9%	10.7%	7.6%
(4)非金属矿物制品业	21.2%	9.3%	22.4%	-25.3%	16.2%	3.5%
总量占比	44%	41.1%	38.4%	36.2%	42.1%	39.1%

从 2013 年的数据来看，“计算机、通信和其他电子设备制造业”成长为“支柱产业”，产值排序第二位，新兴产业“汽车制造业”总量做大，增长迅速，已成为重要经济支撑。2013 年 1～9 月，南海制造业产值排序和增速如下：有色金属冶炼及压延加工业完成产值 428.32 亿元，同比增长 10.5%；计算机、通信和其他电子设备制造业完成产值 334.28 亿元，同比增长 10.5%；金属制品业完成产值 283.15 亿元，同比增长 9.0%。汽车制造业（含汽车零部件及配件）完成产值 147.91 亿元，同比增长 23.6%。

2）解析顺德

顺德对自身的定位是“现代产业之都”，“家电”和“家具”两大产业集聚集群发展水平较高，“顺德家电”为全国首个区域集体商标。据统计，顺德制造业有 8 大行业，从 2008～2012 年这 8 大行业产值增幅数据来看，只有“电子通信制造业”、“印刷包装业”和“医药保健制造业”有负增长情况，其他增幅虽有调整但都能保持正增长。正是主导产业的发展态势决定了此轮危机冲击中顺德经济起伏相对和缓的格局。表 20-2 为 2008～2012 年顺德 8 大制造业行业产值增幅。

2008～2012 年顺德 8 大制造业行业产值增幅　　表 20-2

	2008 年	2009 年	2010 年	2011 年	2012 年
规模以上工业总产值	—	—	21.9%	15.4%	9.8%
家用电器制造业	18.2%	8.0%	33.6%	8.5 %	8.2 %
机械装备制造业	33.9%	26.3%	15.7%	38.7 %	21.8 %
电子通信制造业	39.9%	−14.4%	−4.3%	−12.9 %	−1.9%
纺织服装制造业	15.4%	22.9%	13.4%	13.3 %	1.1 %
精细化工制造业	119.7%	14.5%	8.3%	11.7%	14.9%
家具制造业	38.3%	9.3%	19.8%	22.5 %	3.8 %
印刷包装业	34.2%	48.5%	5.7%	−3.4 %	−5.9 %
医药保健制造业	−81.6%	−16.1%	10%	−6.4%	4.7%

20.3　新时期江阴转型创新的对策探析

后危机时期，国内宏观经济走势将依然面临严峻挑战，各地的发展分化也将继续加大。如何在“稳增长、促改革、调结构”中积极把握新时期战略机遇期的内涵变化，推进江阴市平稳发展和转型创新，需要我们敏锐洞察内外变化、学习借鉴先进经验，及时调整跟进新进展、新方向。

围绕转型创新目标，结合对沿海典型发达县市区的观察和思考，我们试从三方面务虚性地提出以下思考建议。

(1) 在新奇机遇中放大成长更新力量

总量增长处于换档期，结构调整处于加速期。在这一时期内，我们从紧密关注传统的“三驾马车”，开始更多地转向“三大发动机”——制度变革、结构调整和要素升级。一是建议加强对新企业、新产业的关注。新企业、新产业在经济总量上“微不足道”，但代表着成长力量，尤其是那些在管理、技术、商业模式上具有先进性的新企业、新产业，对既有的经济存量调整具有战略性影响意义，建议政府加大引导，如江阴市的传澄袜业和丰硕家具，企业建“博物馆”，重视文化与产业的互动，取得良好的效果。二是建议加强对新模式、新平台的关注。市场演进和深化改革催化新模式、新平台的诞生，关注区域内外的新动向，敏锐放大新模式、新平台的影响力，提升江阴市经济竞争力。如近年来以周庄金属合约交易中心为代表的新型商品交易平台、以华西村为代表的高端会务交流平台。三是建议加强对新惯例、新制度的关注。新组织、新平台、新模式的产生、扩散往往是与新管理惯例的建立、新制度的创立互动并进的。管理惯例、体制机制与新企业、新产业、新模式、新平台相适应，并协同演进，这样进一步加速结构调整的步伐，在新一轮调整变革中赢取主动发展的机遇。

（2）在发展定位中激发主动能动力量

赢取区域发展的“机遇窗口”，需要主动能动精神，需要在大量不确定性中拥有清晰的区域发展定位与追求。1）建议加强区域主导产业定位。建议加大 5 大制造业的战略定位研究，一是金属新材料产业集群，此产业集群跨越从黑色与有色金属冶炼压延加工业、金属制品业，建议加强研究产业链之间的关联互动谋划，加强区域性集体行动策略的谋划。2）纺织、服装制造业集群，在加工制造环节转移加快，品牌设计、管理营销增强的情况下，建议进一步加强区域性公共策略谋划。三是化学原料、制品制造和纤维制造业集群。目前该产业集群已形成很繁密交错的产业生态系统，集群内新企业、新产品更新较快。四是电气机械和器材制造业集群。五是计算机、通信和其他电子设备制造业集群，目前此集群处于稳步成长期，有很大的发展潜力。另外在新兴的新能源产业、文化创意产业、旅游业、生物医药产业等等建议进一步细化定位研究，调研制定发展远景和行动方略。3）建议加强区域主导优势定位。江阴今后经济发展的根本优势在哪里？在长江岸线资源？在本土民营企业家队伍？在科技-金融-人才互动的体制机制和发展环境上？谋划选定战略优势方向后，在聚合区域内外部力量过程中进一步培育提升。

(3) 在历史脉络中探寻路径创新力量

探寻历史发展脉络，启迪未来路径创新方向。1）从产业经济发展来看。江阴市产业经济走过劳动密集型、资金资源密集型发展道路，在人力成本、资金成本和综合商务成本不断上升以及区域竞争压力作用下，近年来越发重视人力资源开发、技术创新和服务创新、加强管理创新，加大品牌营销、技术研发，从而实现企业的、产业的转型升级。建议沿着这一鲜明走向，进一步加强对我市公共管理、城市和区域的功能升级进行新一轮的梳理定位和提升提高。2）从资本市场发展历程来看。近十多年来，江阴非常重视资本市场的“杠杆作用”，坚持走“科技+企业+资本”的融合发展模式，形成独树一帜的“江阴板块”。未来建议进一步增强区域金融高地建设，推进金融-科技-人才-产业互动融合发展。3）从区域内外互动合作来看。近百年来，尤其改革开放30多年来，江阴企业和地方发展非常重视与上海的联系，从星期日工程师到产学研战略联盟，从浦东开发到现在的自贸区机遇，都可以观察到产业的、人才的、资本的、信息的紧密关联与互动。今后建议进一步加强战略性的有机联系。紧密健康的政企互动是江阴经济发展的优良传统，新时期创新转型中建议在推进区域商业文明、产业文明和经济现代化过程中，构建更加充满活力的政企互动机制。

（文章发表于《宏观经济观察》2015年第3期，是在前期理论文章基础上进行的应用性分析。）